D1752344

DÖRLEMANN

Samuel Taylor Coleridge

In Xanadu

Gedichte
Englisch | Deutsch

Herausgegeben und übersetzt
von Florian Bissig

DÖRLEMANN

Der Übersetzer dankt der Fachstelle Kultur des Kantons Zürich und der UBS Kulturstiftung für die Werkbeiträge und dem Deutschen Übersetzerfonds für das Johann-Joachim-Christoph-Bode-Stipendium und für die Einladung an eine Poesie-Übersetzer-Werkstatt. Verlag und Übersetzer danken der Max Geilinger Stiftung für einen Beitrag an die Druckkosten.

Der Übersetzer dankt Irma Wehrli für ihren engagierten Einsatz im Rahmen eines Übersetzungsmentorats. Dank gebührt auch Ulrich Blumenbach und den Habitués des Zürcher Übersetzertreffens für geduldige Diskussionen und hilfreiche Rückmeldungen zu mancher Gedichtpassage.

Dieses Buch ist auch als Dörlemann eBook erhältlich.
eBook ISBN 978-3-03820-913-3

Alle deutschsprachigen Rechte vorbehalten
© 2022 Dörlemann Verlag AG, Zürich
Umschlaggestaltung: Mike Bierwolf
Porträt von Samuel Taylor Coleridge auf Seite 5: Lithografie von Sir Emery Walker
Satz: Dörlemann Satz, Lemförde
Druck und Bindung: GGP Media GmbH, Pößneck
ISBN 978-3-03820-112-0
www.doerlemann.com

Samuel Taylor Coleridge

Vorbemerkung des Herausgebers

Als Samuel Taylor Coleridge (1772–1834) starb, verstummte eine der prominentesten Stimmen im britischen Geistesleben. Doch es war nicht in erster Line die Stimme eines Dichters, denn diese hatte sich schon drei Jahrzehnte zuvor gesenkt. In seinem letzten Lebensabschnitt war Coleridge zu einer Autorität als christlicher Philosoph, Moralist und Kulturkritiker geworden. Als »Weiser von Highgate« wohnte er im Haushalt seines Leibarztes und empfing Gäste. In Scharen kamen sie angereist, um dem legendär eloquenten und charismatischen Mann zuzuhören, wie er aus dem Stand druckreif über alle möglichen Themen dissertierte und dabei mühelos zwischen den Disziplinen, Zeitaltern und Sprachräumen wechselte. Auch publizistisch war Coleridge primär als Prosaschriftsteller präsent. Mit seinen *Laienpredigten*, mit der staats- und kirchenpolitischen Stellungnahme *On the Constitution of the Church and State* sowie mit dem intellektuellen Erbauungsbuch *Aids to Reflection* leistete er Beiträge zu Debatten und Entwicklungen, die noch weit ins 19. Jahrundert hinein wirken sollten.

Seine *Biographia Literaria* von 1817, mit der er heute als eine der Gründerfiguren der Dichtungstheorie und Literaturwissenschaft etabliert ist, war da bereits ein wenig in den Hintergrund gerückt. Mit dem überbordenden Gemisch aus Autobiografie, Philosophie, Poetik und praktischer Lyrikkritik hatte sich Coleridge selbst überfordert, und seine Leserschaft noch viel mehr. Dennoch war seine Reputation als Kenner der philosophischen und literarischen Tradition, insbesondere auch der deutschsprachigen romantisch-idealistischen, gefestigt – zumal er sie auch in mehreren öffentlichen Vorlesungsreihen, etwa in der Royal Institution in London, unter Beweis gestellt hatte.

Aber Coleridge der Dichter? Diese Geschichte lag noch einmal fast zwei Dekaden weiter zurück. Als Coleridge in den Jahren 1816 endlich zwei seiner wichtigsten Gedichte »Christabel« und »Kubla Khan« erstmals veröffentlicht und 1817 mit *Sibylline Leaves* viele Gedichte in Buchform publiziert hatte, die zuvor nur in Zeitungen, Jahrbüchern und Pamphleten erschienen waren – da schien er in eine Zeit zurückzuschauen, die ihm selbst schon weit entrückt war. »Kubla Khan«, vielleicht das wirkmächtigste literarische Werk, das auf zwei Buchseiten Platz hat, tat er in einer Einleitung als »psychologisches Kuriosum« ab und erklärte wortreich, warum das Gedicht bloß als Fragment eines viel größeren Werks überlebt habe. Auch »Christabel«, der Schauerballade, die in mündlichem Vortrag Byron, Scott und Shelley beeindruckt und inspiriert hatte, stellte er eine zauderhafte, defensive Vorbemerkung voran.

Seit der Jahrhundertwende war Coleridge, noch nicht in der Hälfte seines Lebens, überzeugt, dass ihm die dichterische Inspiration abhanden gekommen war. Die Furcht, dass seine Neigung zum abstrakten Denken und zur metaphyischen Spekulation der Entfaltung seiner Kreativität abträglich sei, hatte er jedoch schon Jahre zuvor gehegt und selbst in seinen Gedichten verhandelt. Ironischerweise gehören seine lyrischen Selbstanklagen und Selbsterniedrigungen mit zum Besten, was er zu Papier gebracht hat. »Schwermut: Eine Ode« von 1802 ist das eindrücklichste Beispiel dafür, und zugleich eine Art Coda zu Coleridges dichterischer Blütezeit.

Dass sich Coleridge immer wieder auch betont unbekümmert über den Verlust seiner lyrischen Schaffenskraft und über seine neue Berufung als Philosoph oder über den Brotberuf des Politjournalisten äußerte, darf nicht über den Schmerz und die Demütigung hinwegtäuschen, die mit dem Ende jener Lebensphase verbunden sind. Denn für ihn war das »annus mirabilis« von Sommer 1797 bis Sommer 1798 mit William Wordsworth von einer Intensität und Produktivität, die er danach nie wieder erreichte. Gemeinsam im ländlichen Somerset unterwegs, inspirierten und ergänzten sich die beiden Dichter und Freunde gegenseitig und erprobten verschiedene Formen der Zusammenarbeit. Nachdem sich eine Koautorschaft am selben Text nicht materialisierte, stellten Wordsworth und Coleridge den Band *Lyrical Ballads* zusammen, der, auch durch sein programmatisches Vorwort, als Gründungsdokument der englischen Romantik gilt.

Coleridges fantastische »Ballade vom alten Seemann« eröffnete den Band, in dem im Übrigen Wordsworths Gedichte über das einfache Landleben in betont ungekünstelter, alltäglicher Sprache den größeren Platz belegten. Es war ein zweiteiliges Experiment, in zweifacher Hinsicht gelingend und epochal. Doch Wordsworth sollte sich zunehmend von Coleridges »Altem Seemann« distanzieren. Und er lehnte es auch ab, dessen andere große Schauerballade »Christabel« in die erweiterte zweite Auflage des Bandes aufzunehmen. 1800 erschien *Lyrical Ballads* nicht mehr anonym, sondern unter Wordsworths alleinigem Namen. Den »Alten Seemann« wies er in der Vorbemerkung lediglich als Beitrag »eines Freundes« aus und entschuldigte sich für dessen angebliche Mängel.

So wich die gleichberechtigte und respektvolle Zusammenarbeit des »annus mirabilis« einem Nachspiel, in dem sich Wordsworth als der maßgebliche Poet seiner Zeit inszenierte und Coleridge mit seinen angeblich mangelhaften und unvollständigen Versuchen mit einer Nebenrolle zu begnügen hatte. Jener, der nicht Wordsworths Selbstsicherheit, sondern eine unsichere, abhängige Persönlichkeit besaß, spielte das erniedrigende Spiel lange mit.

Neben der Abkanzelung durch seinen innigsten Freund waren auch psychische und persönliche Probleme mit für das Versiegen von Coleridges dichterischer Produktivität verantwortlich. Seine sogenannten »Konversationsgedichte« inszenierten den Autor als Sprecher und ließen tief in sein Leben als Ehemann, Vater und Freund blicken. Nachdem seine Ehe und die wichtigsten Freundschaften belastet waren, und vor allem nachdem eine heimliche Liebe in sein Leben getreten war, konnte Coleridge sein Privatleben nicht mehr so leicht in zu publizierende Gedichte einbringen.

So blieb das gemeinsame »annus mirabilis« auch das unwiederbringliche einzige Wunderjahr von Coleridges Schaffen – im Gegensatz zu Wordsworth, der seinen Stil gefunden hatte und die folgenden fünfzig Jahre bis zu seinem Tod kontinuierlich weiterdichten sollte. Die Ausbeute ist, in Seiten und Zeilen gerechnet, schmal, doch in ihrer Bedeutung und Wirkmacht für die britische und europäische Literatur kaum zu überschätzen.

Mit »Christabel« und dem »Alten Seemann« hat Coleridge

gleich zwei Glanzstücke zum Genre der romantischen Kunstballade beigesteuert, in welchem sich angelsächsische und deutsche Werke und Traditionen gegenseitig befruchteten. So war Coleridge etwa tief beeindruckt von Schillers Drama *Die Räuber*, das unter dem Einfluss Shakespeares stand. Und ebenso von Bürgers »Lenore«, die via Herders Liedersammlung ihrerseits mit dem alten englischen Volksliedgut verbunden war.

Das meditative Blankversgedicht oder »Konversationsgedicht« hat Coleridge gemeinsam mit Wordsworth in Auseinandersetzung mit der englischen Tradition entwickelt und vollendet, etwa mit der »Äolsharfe« oder »Frost um Mitternacht«. Die jüngeren Vorbilder waren insbesondere William Cowper und William Lisle Bowles, die älteren natürlich Milton und Shakespeare. Coleridges Serie von Blankversgedichten ist durchaus britisch, zuweilen patriotisch, und immer auf hintersinnige Weise autobiografisch. Doch in ihrer Verhandlung von kosmopolitischen Visionen, pantheistischer Weltanschauung oder naturverbundener Erziehung sind sie eng mit den Tendenzen und Diskursen des kontinentalen Zeitgeists verflochten, und dies, obwohl sie vor Coleridges Deutschland-Aufenthalt verfasst wurden.

Exemplarisch für das Schisma des romantischen Geistes zwischen selbstgenügsamem Idealismus und realem Engagement ist schließlich Coleridges formvollendetes Gedicht »Frankreich: Eine Ode«. Der Sprecher des Gedichtes inszeniert sich auch hier als sein eigener Autor und zieht zerknirscht Bilanz über seine politische Vergangenheit, um schließlich nur noch der immerwährenden Freiheit die Treue zu schwören –

einer Freiheit, die in den Niederungen der Welt allerdings nicht zu haben ist. Eine feierliche poetisch-erhabene Geste der Abgehobenheit, die, erstveröffentlicht in einer Londoner Morgenzeitung, dem Publizisten Coleridge zugleich als handfeste politische Image-Korrektur in eigener Sache diente.

Die genannten Gedichte bilden den kanonischen Kern von Coleridges Werk, der sich seit dem 20. Jahrhundert kontinuierlich von den zuweilen ausufernden und formlosen Torsos des Prosawerks abhebt. Coleridges kulturkritische und theologische Schriften büßten im Lauf des 19. Jahrhunderts allmählich an Strahlkraft ein, und vom Prosaautor Coleridge blieb vor allem der Dichtungstheoretiker präsent. Das lyrische Werk des bewegten 25-Jährigen, zunächst abgelehnt oder gemischt aufgenommen, gewann dagegen an Beachtung, bis Coleridge schließlich, gemeinsam mit Blake, Wordsworth, Byron, Shelley und Keats, als einer der sechs großen Dichter der englischen Romantik etabliert war.

Diese handliche Auslese aus Coleridges lyrischem Werk ist unbestritten, abwechslungsreich und lohnend. Dessen ungeachtet gab es bis heute nie eine Übertragung einer solchen Auswahl in deutschen Versen. Immer wieder nachgedichtet wurde gewiss der »Alte Seemann«, ab und zu versuchte sich ein zugewandter Dichterkollege an »Kubla Khan«. Doch die fesselnde, rätselhafte »Christabel« wurde unseres Wissens nie übertragen, ebensowenig wie die Mehrzahl der Blankverse. Der vorliegende Band beabsichtigt, dieses kurze, aber gewichtige Kapitel der europäischen Literaturgeschichte im deutschsprachigen Raum endlich verfügbar und nachvollziehbar zu machen.

Mit Blick auf diese Vermittlungsabsicht wurde bei der Übersetzung der Schwerpunkt auf philologische Aspekte gelegt. Das Metrum wird akkurat nachgebildet, etwa der englische Blankvers, der anders als der deutsche keine zweisilbigen Kadenzen zulässt, und ebenso die Reimschemata und Strophenformen, etwa von »Kubla Khan« oder der hochelaborierten Frankreich-Ode. Dies geschieht im Bewusstsein der enormen Schwierigkeit, Lösungen zu finden, welche der Idiomatik und Geläufigkeit des Originals keinen unzulässigen Abbruch tun.

Ziel ist nicht das Fingieren einer Übersetzung, die tel quel um 1800 hätte entstehen können, aber eine, welche die Texte wenigstens nicht offenkundig aus ihrem historischen Kontext entwurzelt. So muss »woman« beispielsweise »Weib« heißen, denn die »Frau« bleibt für die »lady« reserviert, bevor sich der Geltungsbereich der Vokabeln in beiden Sprachen ausgeweitet hat.

Der damit skizzierten übersetzerischen Maxime liegt die Überzeugung zugrunde, dass diese Gedichte ohne jegliche Anbiederung auch zu unserer Zeit sprechen können. Sie steht im Dienst der Vermittlung eines Werks, das eigentlich keiner Vorstellung bedürfen sollte, weil es schlicht und unbestritten zum Kanon der europäischen Romantik gehört und mit einer Vielzahl von höchst einprägsamen und eigenwilligen Motiven und einem unnachahmlichen lyrischen Personalstil zu ihr beiträgt.

Sonnet
TO THE RIVER OTTER

Dear native Brook! wild Streamlet of the West!
　How many various-fated years have past,
　What happy and what mournful hours, since last
I skimm'd the smooth thin stone along thy breast,
Numbering its light leaps! yet so deep imprest
Sink the sweet scenes of childhood, that mine eyes
　I never shut amid the sunny ray,
But straight with all their tints thy waters rise,
　Thy crossing plank, thy marge with willows grey,
And bedded sand that vein'd with various dyes
Gleam'd through thy bright transparence! On my way,
　Visions of Childhood! oft have ye beguil'd
Lone manhood's cares, yet waking fondest sighs:
　Ah! that once more I were a careless Child!

Sonett
AN DEN FLUSS OTTER

Mein Heimatfluss! des Westens Wildbächlein!
   Wie viele Jahre wechselnden Geschicks
   Vergingen, Zeit der Schwermut wie des Glücks,
Seit deiner Brust entlang den glatten Stein
Ich Hüpfer zählend warf! so tief im Sein
Die schöne Kindheitswelt noch immer steckt,
   Dass, wenn mein Aug ich schließ im Sonnenlicht,
Dein Wasser schillernd sich vor mir erstreckt,
   Dein Steg, dein Weidenbord, und dein Geschicht
Von Sand, der fein geädert und gefleckt
Durch deine helle Klarheit schimmernd bricht!
   Bilder der Kindheit! viel Mannssorgen sind
Dank euch zerstreut, doch Sehnsucht wird geweckt:
   Ach! wär ich nochmals unbeschwertes Kind!

To the Author of the *Robbers*

Schiller! that hour I would have wish'd to die,
If thro' the shuddering midnight I had sent
From the dark dungeon of the Tower time-rent
That fearful voice, a famish'd Father's cry –
Lest in some after moment aught more mean
Might stamp me mortal! A triumphant shout
Black Horror scream'd, and all her *goblin* rout
Diminish'd shrunk from the more withering scene!
Ah! Bard tremendous in sublimity!
Could I behold thee in thy loftier mood
Wandering at eve with finely-frenzied eye
Beneath some vast old tempest-swinging wood!
Awhile with mute awe gazing I would brood:
Then weep aloud in a wild ecstasy!

An den Verfasser der *Räuber*

Schiller! ich hätte sterben wolln zur Stund,
Hätt ich den Schrei durch Schauernacht gejagt
Vom dunklen Turmgefängnis zeitzernagt
Aus jenes Vaters ausgezehrtem Mund –
Damit nicht dereinst etwas Mindres mich
Als sterblich stemple! Ruf so triumphal
Vom Finstren Graun – sein Koboldpersonal
Verschüchtert vom verblassten Schauplatz wich!
Ach! Könnt ich dich nur hochgemut entrückt,
Du Barde der Erhabenheit, erspähn,
Beim Schweifen spät, das Auge leicht verrückt,
Im weiten alten Wald, wenn Stürme wehn!
Sinnen würd ich, voll stummer Ehrfurcht sehn:
Dann würd ich lautstark weinen, wild verzückt!

The Eolian Harp
COMPOSED AT CLEVEDON, SOMERSETSHIRE

My pensive Sara! thy soft cheek reclined
Thus on mine arm, most soothing sweet it is
To sit beside our Cot, our Cot o'er grown
With white-flower'd Jasmin, and the broad-leav'd Myrtle,
(Meet emblems they of Innocence and Love!)
And watch the clouds, that late were rich with light,
Slow saddening round, and mark the star of eve
Serenely brilliant (such would Wisdom be)
Shine opposite! How exquisite the scents
Snatch'd from yon bean-field! and the world *so* hush'd!
The stilly murmur of the distant Sea
Tells us of Silence.

                       And that simplest Lute
Placed length-ways in the clasping casement, hark!
How by the desultory breeze caress'd,
Like some coy maid half-yielding to her lover,
It pours such sweet upbraidings, as must needs
Tempt to repeat the wrong! And now, its strings
Boldlier swept, the long sequacious notes
Over delicious surges sink and rise,
Such a soft floating witchery of sound
As twilight Elfins make, when they at eve

Die Äolsharfe
VERFASST IN CLEVEDON, SOMERSETSHIRE

Sinnende Sara! deine Wange sanft
An meinen Arm gelehnt, wie wohl es tut,
Vor unserm Haus zu sitzen, über das
Die Myrte wächst und weißer Jasminstrauch,
(Die für die Liebe und die Unschuld stehn!)
Zu sehn wie Wolken, leuchtend eben noch,
Sich langsam trüben, und der Abendstern
In klarem Glanz (so wie die Weisheit sei)
Dort drüben scheint! Wie köstlich dieser Duft
Vom Bohnenacker! und die Welt *so* still!
Das leise Murmeln von der fernen See
Erzählt vom Schweigen.

                Und die Laute da,
Die längs im Fenster eingespannt ist, horch!
Wie von der flauen Brise zart gekost,
Dem Mädchen gleich, das scheu sich halb noch sträubt,
Beklagt sie sich so süß, und lockt damit
Zu neuer Untat! Kühner nun gestreift
Die Saiten, folgen lange Töne zart
Dem feinen Wellengang von Auf und Ab,
Solch federleichter sanfter Zauberklang
Wie der von Elfen, die im letzten Licht

Voyage on gentle gales from Faery-Land,
Where Melodies round honey-dropping flowers
Footless and wild, like birds of Paradise,
Nor pause nor perch, hov'ring on untam'd wing!
O! the one Life within us and abroad,
Which meets all motion and becomes its soul,
A light in sound, a sound-like power in light,
Rhythm in all thought, and joyance every where –
Methinks, it should have been impossible
Not to love all things in a world so fill'd;
Where the breeze warbles, and the mute still air
Is Music slumbering on her instrument.

   And thus, my Love! as on the midway slope
Of yonder hill I stretch my limbs at noon
Whilst through my half-clos'd eye-lids I behold
The sunbeams dance, like diamonds, on the main,
And tranquil muse upon tranquility;
Full many a thought uncall'd and undetain'd,
And many idle flitting phantasies,
Traverse my indolent and passive brain
As wild and various, as the random gales
That swell or flutter on this subject Lute!

   And what if all of animated nature
Be but organic Harps diversely fram'd,
That tremble into thought, as o'er them sweeps
Plastic and vast, one intellectual breeze,
At once the Soul of each, and God of all?

Auf milden Winden wehn vom Feenland,
Wo Melodien um Blüten honigschwer,
Paradiesvögeln gleich, so flink und frei,
Auf wildem Flügel schweben ohne Rast.
Oh ja! ein Leben in und außer uns,
Das alle Rührung aufnimmt und beseelt,
Ein Licht im Klang, und Klanggewalt im Licht,
Rhythmus im Denken, Frohsinn überall –
Mich dünkt, es müsste ganz unmöglich sein,
Dass man in solcher Welt nicht alles liebt;
Wo Brisen flöten, und die stille Luft
Musik ist, schlummernd sanft am Instrument.

  Und so, Geliebte! wenn ich an dem Hang
Dort drüben mittags meine Glieder streck
Und durch das halbgeschlossne Augenlid
Den Sonnenschein diamantengleich im Meer
Seh tanzen, ruhig grübelnd über Ruh;
Ziehn ungefragt und unerhascht Ideen,
Und müßig schwirrend manche Fantasien,
Quer durch mein träges, tatenloses Hirn
So wild und unstet, wie die Zufallsböen
Orgeln und säuseln auf der Harfe da!

  Und was, wenn alle Wesen der Natur
Nur mannigfache Lebend-Lauten wärn,
Die in ein Denken schwingen, wenn durch sie
Der schöpferische Geistesatem schweift,
Der sie beseelt und Gott von allem ist?

But thy more serious eye a mild reproof
Darts, O belovéd Woman! nor such thoughts
Dim and unhallow'd dost thou not reject,
And biddest me walk humbly with my God.
Meek Daughter in the family of Christ,
Well hast thou said and holily disprais'd
These shapings of the unregenerate mind,
Bubbles that glitter as they rise and break
On vain Philosophy's aye-babbling spring.
For never guiltless may I speak of him,
Th' Incomprehensible! save when with awe
I praise him, and with Faith that inly *feels*;
Who with his saving mercies healéd me,
A sinful and most miserable man
Wilder'd and dark, and gave me to possess
Peace, and this Cot, and thee, heart-honour'd Maid!

Doch Tadel schickt dein ernstes Auge aus,
Geliebte Frau! denn solch unheilige
Und düstere Gedanken lehnst du ab,
Und mahnst in Demut wandeln mich mit Gott.
O fromme Tochter des Herrn Jesu Christ,
Mit gutem Recht und Glauben tadelst du
Mir diese Formungen der Unvernunft,
Glitzernder Schaum, der steigt und bald zerfällt
Am Plapperquell von eitlem Wissensdurst.
Denn niemals sprech ich ohne Schuld von Ihm,
Dem Unergründlichen! als wenn mit Scheu
Und tief *empfundnen* Glaubens ich ihn preis;
Der mich geheilt hat mit Barmherzigkeit,
Mich sündigen und jämmerlichen Mann
Finster und wirr, und der mir Frieden gab,
Und dieses Haus, und dich, mein holdes Herz!

Reflections on Having Left a Place of Retirement

    Sermoni propriora. – Hor.

Low was our pretty Cot: our tallest Rose
Peep'd at the chamber-window. We could hear
At silent noon, and eve, and early morn,
The Sea's faint murmur. In the open air
Our Myrtles blossom'd; and across the porch
Thick Jasmins twined: the little landscape round
Was green and woody, and refresh'd the eye.
It was a spot which you might aptly call
The Valley of Seclusion! Once I saw
(Hallowing his Sabbath-day by quietness)
A wealthy son of Commerce saunter by,
Bristowa's citizen: methought, it calm'd
His thirst of idle gold, and made him muse
With wiser feelings: for he paus'd, and look'd
With a pleas'd sadness, and gaz'd all around,
Then eyed our cottage, and gaz'd round again,
And sigh'd, and said, it was a Blesséd Place.
And we *were* bless'd. Oft with patient ear
Long-listening to the viewless sky-lark's note
(Viewless, or haply for a moment seen
Gleaming on sunny wings) in whisper'd tones

Betrachtungen nach Verlassen eines Rückzugsorts

> Sermoni propriora. – HOR.

Niedrig war unser Haus: durchs Fenster lugt
Die hochgewachsne Rose. In der Ruh
Des Mittags, Abends und des Morgens früh
Hörten wir Meeresrauschen. Draußen stand
Die Myrte in der Blüte; übers Dach
Wuchs dichter Jasminstrauch: Die Landschaft rings,
Waldig und grün, war köstlich anzuschaun.
Als Tal der Abgeschiedenheit kann man
Den Ort mit Recht bezeichnen! Einst sah ich
(Mit Ruhe heiligend den Sabbattag)
Vorbeiflanieren einen Handelsmann,
Ein Bürger Bristols: Seine Gier nach Gold
Zu dämpfen schien's, und weiseres Gemüt
Ihm zu verleihn: hielt er doch ein und sah
In Schwermut schwelgend überall ringsum,
Sah unser Haus, und sah sich nochmal um,
Und nannt es seufzend einen Segensort.
Gesegnet *waren* wir! Oft mit Geduld
Lauschend der unsichtbaren Lerche Ruf
(Unsichtbar, oder rasch aufschimmernd nur
Mit Sonnenflügeln), sprach ich flüsterfein

I've said to my Belovéd, 'Such, sweet Girl!
The inobtrusive song of Happiness –
Unearthly minstrelsy! then only heard
When the Soul seeks to hear; when all is hush'd
And the Heart listens!'

                      But the time, when first
From that low Dell steep up the stony Mount
I climb'd with perilous toil and reach'd the top,
Oh! what a goodly scene! *Here* the bleak mount,
The bare bleak mountain speckled thin with sheep;
Grey clouds, that shadowing spot the sunny fields;
And river, now with bushy rocks o'er-brow'd,
Now winding bright and full, with naked banks;
And seats, and lawns, the Abbey and the wood,
And cots, and hamlets, and faint city-spire;
The Channel *there*, the Islands and white sails,
Dim coasts, and cloud-like hills, and shoreless Ocean –
It seem'd like Omnipresence! God, methought,
Had built him there a Temple: the whole World
Seemed *imag'd* in its vast circumference:
No *wish* profan'd my overwhelmed heart.
Blest hour! It was a luxury, – to be!

  Ah quiet Dell! dear Cot! and Mount sublime!
I was constrain'd to quit you. Was it right,
While my unnumber'd brethren toil'd and bled,
That I should dream away the entrusted hours
On rose-leaf beds, pamp'ring the coward heart
With feelings all too delicate for use?

Zu meiner Liebe: ›Süßes Mädchen! so
Hört man das unscheinbare Lied des Glücks –
Jenseitigen Gesang! doch einzig dann,
Wenn sich die Seele müht; wenn alles schweigt
Und das Herz horcht!‹

     Doch als ich erstmals dort
Vom Tälchen steil den Felsenhang empor
Mit Müh und Not die Bergeshöh erklomm,
Welch schöner Anblick bot sich mir! *Hier* war
Der karge Berg mit Schafen fein gefleckt,
Mit Wölkleinschatten das besonnte Feld;
Der Fluss, verborgen bald von Fels und Busch,
Bald kehrend klar und voll ums kahle Bord;
Und Höfe, Wiesen, die Abtei, der Wald,
Hütten und Weiler, fern ein blasser Turm:
Dort der Kanal mit Inseln, Segeln weiß,
Umwölkte Küsten, Hügel, offnes Meer –
Gleichsam Allgegenwart! Als hätte Gott
Sich einen Tempel aufgebaut: die Welt
In ganzem Umfang schien hier *dargestellt*.
Kein *Wunsch* entweihte mir mein volles Herz.
Selige Stunde! Luxus war's – zu sein!

 Ach stilles Tal! mein Haus! und nobler Berg!
Ich musste fort von Euch. War es gerecht,
Als sich die Brüder plackten bis aufs Blut,
Auf Rosen zu verträumen meine Zeit,
Und mit Empfindungen das feige Herz
Zu hätscheln, die zu zart zum Einsatz sind?

Sweet is the tear that from some Howard's eye
Drops on the cheek of One, he lifts from earth:
And He, that works me good with unmov'd face,
Does it but half: he chills me while he aids,
My benefactor, not my brother man!
Yet even this, this cold beneficience
Praise, praise it, O my Soul! oft as thou scann'st
The sluggard Pity's vision-weaving tribe!
Who sigh for Wretchedness, yet shun the Wretched,
Nursing in some delicious solitude
Their slothful loves and dainty sympathies!
I therefore go, and join head, heart, and hand,
Active and firm, to fight the bloodless fight
Of Science, Freedom, and the Truth in Christ.

  Yet oft when after honourable toil
Rests the tir'd mind, and waking loves to dream,
My Spirit shall revisit thee, dear Cot!
Thy Jasmin and thy window-peeping Rose,
And Myrtles fearless of the mild sea-air.
And I shall sigh fond wishes – sweet Abode!
Ah – had none greater! And that all had such!
It might be so – but the time is not yet.
Speed it, O Father! Let thy Kingdom come!

Süß fällt die Träne eines Howard dem
Aufs Antlitz, welchen er vom Boden hebt.
Und wer mit kalter Miene Gutes tut,
Tut es nur halb: Er hilft und schaudert mich,
Der mir ein Gönner, doch kein Bruder ist!
Doch auch die kalte Wohltat sei gelobt,
O meine Seel, wenn du die Sippe siehst,
Die mitleidsfaul an Visionen webt!
Die bloß von ferne übers Elend seufzt
Und lieber in hochfeiner Einsamkeit
Und Muße zartes Mitempfinden pflegt!
So ziehe ich mit Kopf und Herz und Hand,
Tüchtig und stramm in den blutlosen Kampf
Für Wissen, Freiheit, Wahrheit in dem Herrn.

Doch oft, wenn nach ehrbarer Plackerei
Das Denken ruht und wach zu träumen liebt,
Dann kehrt mein Geist zu dir zurück, mein Haus!
Zur Ros am Fenster lugend, zum Jasmin,
Zur Myrte, die der milden Meerluft trotzt.
Dann seufz ich kühne Wünsche – ach, mein Heim!
Hätt keiner Größeres! Hätt jeder eins!
Es könnt so sein – die Zeit ist nur nicht reif.
O Vater, dein Reich komme, eile dich!

This Lime-Tree Bower My Prison

> In the June of 1797 some long-expected friends paid a visit to
> the author's cottage; and on the morning of their arrival, he
> met with an accident, which disabled him from walking during
> the whole time of their stay. One evening, when they had left
> him for a few hours, he composed the following lines in the
> garden-bower.

Well, they are gone, and here must I remain,
This lime-tree bower my prison! I have lost
Beauties and feelings, such as would have been
Most sweet to my remembrance even when age
Had dimm'd mine eyes to blindness! They, meanwhile,
Friends, whom I never more may meet again,
On springy heath, along the hill-top edge,
Wander in gladness, and wind down, perchance,
To the still roaring dell, of which I told;
The roaring dell, o'erwooded, narrow, deep,
And only speckled by the mid-day sun;
Where its slim trunk the ash from rock to rock
Flings arching like a bridge; – that branchless ash,
Unsunn'd and damp, whose few poor yellow leaves
Ne'er tremble in the gale, yet tremble still,
Fann'd by the water-fall! and there my friends
Behold the dark green file of long lank weeds,

Die Lindenlaube mein Kerker

> Im Juni 1797 besuchten ein paar langerwartete Freunde das Haus des Autors; und am Morgen ihrer Ankunft stieß ihm ein Unfall zu, der ihn während ihres ganzen Aufenthalts zu wandern ausser Stand setzte. Als sie ihn eines Abends für ein paar Stunden zurückließen, verfasste er in der Gartenlaube die folgenden Zeilen.

Nun, sie sind fort, und ich verharre hier,
Die Lindenlaube mein Kerker! Mir entgehn
Viel Pracht und viel Gefühl, die süßeste
Erinnerung gespiesen hätten, gar
Noch in des Alters Blindheit! Sie, derweil,
Die Freunde, die ich nie mehr sehen könnt,
Durchwandern froh das federnd Heidekraut,
Den Hügelkamm, und steigen vielleicht ab
Ins Tal, von dem ich sprach, das stetig rauscht;
Rauschendes Tal, bewaldet, eng und tief,
Vom Licht gesprenkelt nur zur Mittagszeit;
Wo sich der Eschenstamm von Fels zu Fels
Wie eine Brücke wirft; – die Esche kahl,
Schattig und feucht, mit kargem, gelbem Laub,
Das nie im Wind, jedoch vom Wasserfall
Gefächelt bebt! Und meine Freunde sehn
Die dunkelgrünen Gräser aufgereiht,

That all at once (a most fantastic sight!)
Still nod and drip beneath the dripping edge
Of the blue clay-stone.

                Now, my friends emerge
Beneath the wide wide Heaven – and view again
The many-steepled tract magnificent
Of hilly fields and meadows, and the sea,
With some fair bark, perhaps, whose sails light up
The slip of smooth clear blue betwixt two Isles
Of purple shadow! Yes! they wander on
In gladness all; but thou, methinks, most glad,
My gentle-hearted Charles! for thou hast pined
And hunger'd after Nature, many a year,
In the great City pent, winning thy way
With sad yet patient soul, through evil and pain
And strange calamity! Ah! slowly sink
Behind the western ridge, thou glorious Sun!
Shine in the slant beams of the sinking orb,
Ye purple heath-flowers! richlier burn, ye clouds!
Live in the yellow light, ye distant groves!
And kindle, thou blue Ocean! So my friend
Struck with deep joy may stand, as I have stood,
Silent with swimming sense; yea, gazing round
On the wild landscape, gaze till all doth seem
Less gross than bodily; – and of such hues
As veil the Almighty Spirit, when yet he makes
Spirits perceive his presence.

Die all zugleich (phantastisch anzusehn!)
Geräuschlos tropfend nicken unterm Rand
Des blauen Tons.

        Die Freunde tauchen auf
Nun unterm weiten Himmel – sehn nochmal
Die Herrlichkeit der turmbesetzten Bahn
Hügliger Auen und Weiden, und die See,
Vielleicht mit einer Bark mit Segeln, die
Das glatte Blau erhellen zwischen zwei
Inseln aus lila Schatten. Ja! voran
Gehn alle froh; am frohsten du, scheint mir,
Mein sanfter Charles! der du gehungert hast,
Dich nach Natur verzehrt so manches Jahr,
In dichte Stadt gepfercht, wo du betrübt
Doch mit Geduld dich schlugst durch Unheil, Schmerz,
Seltsames Unglück! Ach! gemächlich sink
Im Westen hinterm Grat, du Sonnenpracht!
Im schrägen Strahl des Runds in Neige glänzt,
Ihr lila Blüten! Wolken, lodert mehr!
Lebt auf im gelben Licht, ihr Haine fern!
Entflamm dich, blaues Meer! So könnt mein Freund
In tiefer Wonne stehn, wie ich einst stand,
Schwindligen Sinnes, still; rings schauend in
Die wilde Landschaft, schauend bis nichts mehr
So grob wie Körper scheint; – in Farben die
Der Geist allmächtig trägt, wann immer er
Sich kenntlich macht den Geistern.

                       A delight
Comes sudden on my heart, and I am glad
As I myself were there! Nor in this bower,
This little lime-tree bower, have I not mark'd
Much that has sooth'd me. Pale beneath the blaze
Hung the transparent foliage; and I watch'd
Some broad and sunny leaf, and lov'd to see
The shadow of the leaf and stem above
Dappling its sunshine! And that walnut-tree
Was richly ting'd, and a deep radiance lay
Full on the ancient Ivy, which usurps
Those fronting elms, and now, with blackest mass
Makes their dark branches gleam a lighter hue
Through the late twilight: and though now the bat
Wheels silent by, and not a swallow twitters,
Yet still the solitary humble-bee
Sings in the bean-flower! Henceforth I shall know
That Nature ne'er deserts the wise and pure;
No plot so narrow, be but Nature there,
No waste so vacant, but may well employ
Each faculty of sense, and keep the heart
Awake to Love and Beauty! and sometimes
'Tis well to be bereft of promised good,
That we may lift the soul, and contemplate
With lively joy the joys we cannot share.
My gentle-hearted Charles! when the last rook
Beat its straight path along the dusky air
Homewards, I blest it! deeming its black wing
(Now a dim speck, now vanishing in the light)

Eine Lust
Ergreift nun jäh mein Herz, und ich bin froh,
Als wär ich selber dort! Auch finde ich
In dieser kleinen Lindenlaube viel,
Das mich beschwichtigt. Unterm Lohen bleich
Durchscheinend hing das Blattwerk; und ich sah
Ein breites, helles Blatt, und schaute gern,
Wie drüber Blatt und Stiel sein Sonnenlicht
Mit Schatten scheckten! Und der Nussbaum da
War reich gefärbt, und tiefer Glanz lag auf
Uraltem Efeu, der die Ulmen dort
Erobert hat, und jetzt mit tiefstem Schwarz
Die dunklen Äste heller schimmern lässt
Durchs Dämmerlicht: Obwohl die Fledermaus
Geräuschlos kreist, und keine Schwalbe ruft,
Singt doch die Biene noch allein und schlicht
Im Bohnenflor. Nun weiß ich: Die Natur
Verlässt die Weisen und die Reinen nie;
Kein Platz zu eng, wenn nur Natur da ist,
Kein Niemandsland zu leer, um Reiz zu sein
Für jeden Sinn, zu halten wach das Herz
Für Liebe und für Schönheit! Manchmal ist
Es gut, verheißnen Guts beraubt zu sein,
Die Seele zu erheben und zu schaun
Mit reger Freude die verpasste Freud.
Mein sanfter Charles! und als die letzte Kräh
Stracks durch die Dämmerung den Heimweg nahm;
Da pries ich sie! und dacht, ihr Flügelpaar
(Nun dunkler Fleck, entschwindend nun im Licht)

Had cross'd the mighty Orb's dilated glory,
While thou stood'st gazing; or when all was still,
Flew creeking o'er thy head, and had a charm
For thee, my gentle-hearted Charles, to whom
No Sound is dissonant which tells of Life.

Querte den weiten Schein des großen Runds,
Während du schautest; oder, alles still,
Flög knarrend über dir, wär Zauberei
Für Dich, mein sanfter Charles, für den kein Laut
Misstönt, solange er vom Leben zeugt.

Frost at Midnight

The Frost performs its secret ministry,
Unhelp'd by any wind. The owlet's cry
Came loud – and hark, again! loud as before.
The inmates of my cottage, all at rest,
Have left me to that solitude which suits
Abstruser musings: save that at my side
My cradled infant slumbers peacefully.
'Tis calm indeed! so calm, that it disturbs
And vexes meditation with its strange
And extreme silentness. Sea, hill, and wood,
This populous village! Sea, and hill, and wood,
With all the numberless goings on of life,
Inaudible as dreams! The thin blue flame
Lies on my low-burnt fire, and quivers not:
Only that film, which flutter'd on the grate,
Still flutters there, the sole unquiet thing.
Methinks, its motion in this hush of nature
Gives it dim sympathies with me who live,
Making it a companionable form,
With which I can hold commune. Idle thought!
But still the living spirit in our frame,
That loves not to behold a lifeless thing,
Transfuses into all its own delights
Its own volition, sometimes with deep faith

Frost um Mitternacht

Der Frost verrichtet sein geheimes Amt,
Kein Wind geht ihm zu Hilf. Des Käuzchens Schrei
Kam laut – und wieder, horch! laut wie zuvor.
All meine Hausgenossen ruhen schon
Und lassen mich in Einsamkeit, die zeugt
Abstruses Grübeln: nur dass neben mir
Mein Kind in seiner Krippe friedlich schläft.
So still ist's wahrlich, dass das Nachdenken
Gestört wird und bedrückt, von solcher Ruh
Extrem und sonderbar. Meer, Berg, und Wald,
Die ganze Siedlung! Meer, und Berg, und Wald,
Mit aller Rührigkeit der Existenz,
Unhörbar wie ein Traum! Das Flämmchen liegt
Im Rest des Feuers blau und zittert nicht:
Nur dieser Film, der flatterte am Rost,
Flattert da noch, alleinig ruhelos.
Mir scheint, sein Tun im Schweigen der Natur
Hat dunkle Sympathie mit mir, der lebt,
Und macht ihn zur geselligen Gestalt,
Mit der ich Austausch pflege. Dummes Zeug!
Dennoch, der Geist, der uns im Körper wohnt,
Dem nicht behagt, ein totes Ding zu sehn,
Verlegt in alles seine eigne Lust,
Sein eignes Wollen, manchmal glaubend tief,

And sometimes with fantastic playfulness.
Ah me! amus'd by no such curious toys
Of the self-watching subtilizing mind,
How often in my early school-boy days,
With most believing superstitious wish
Presageful, have I gaz'd upon the bars,
To watch the *stranger* there! and oft belike,
With unclos'd lids, already had I dreamt
Of my sweet birthplace, and the old church-tower,
Whose bells, the poor man's only music, rang
From morn to evening, all the hot fair-day,
So sweetly, that they stirr'd and haunted me
With a wild pleasure, falling on mine ear
Most like articulate sounds of things to come!
So gaz'd I, till the soothing things, I dreamt,
Lull'd me to sleep, and sleep prolong'd my dreams!
And so I brooded all the following morn,
Aw'd by the stern preceptor's face, mine eye
Fix'd with mock study on my swimming book:
Save if the door half-open'd, and I snatch'd
A hasty glance, and still my heart leaped up,
For still I hop'd to see the *stranger's* face,
Townsman, or aunt, or sister more belov'd,
My play-mate when we both were cloth'd alike!

   Dear babe, that sleepest cradled by my side,
Whose gentle breathings, heard in this dead calm,
Fill up the interspersed vacancies
And momentary pauses of the thought!

Manchmal in spielerischer Fantasie.
Ach! nicht zerstreut durch solche Spielerei
Des schlauen, selbstergründenden Verstands,
Wie oft hatt ich in früher Schülerzeit,
Mit abergläubisch überzeugtem Wunsch
Vorahnungsvoll, die Stäbe angestarrt,
Um dort dem *Fremden* zuzusehn! und oft
Hatt ich mit offnen Lidern schon geträumt
Vom lieben Heimatort, dem Kirchenturm,
Mit Glocken, die, Musik des armen Manns,
Am heißen Festtag lange läuteten,
So süß; sie rührten und verfolgten mich
Mit wilder Lust und drangen in mein Ohr
Als klares Klangsignal von Künftigem!
Ich starrte, bis der Traumgebilde Trost
In Schlaf mich wiegte, wo der Traum fortfuhr!
So sann ich auch den nächsten Morgen lang,
Bang vor dem strengen Lehrerblick, zum Schein
Versunken lesend im verschwommnen Buch:
Nur wenn die Tür aufging und einen Blick
Erhaschen ließ, sprang mir das Herz; denn stets
Hofft ich des *Fremden* Antlitz zu erspähn,
Städter, die Tante, Schwester lieber noch,
Spielfreundin, damals noch im gleichen Kleid!

    Mein liebes Kind, in Schlaf hier eingewiegt,
Dein zartes Atmen, hörbar in der Ruh,
Füllt eingestreute leere Stellen aus,
Und kurze Pausen im Gedankengang!

My babe so beautiful! it fills my heart
With tender gladness thus to look at thee,
And think, that thou shalt learn far other lore,
And in far other scenes! For I was rear'd
In the great city, pent mid cloisters dim,
And saw nought lovely but the sky and stars.
But *thou*, my babe! shalt wander like a breeze,
By lakes and sandy shores, beneath the crags
Of ancient mountain, and beneath the clouds,
Which image in their bulk both lakes and shores
And mountain crags: so shalt thou see and hear
The lovely shapes and sounds intelligible
Of that eternal language, which thy God
Utters, who from eternity doth teach
Himself in all, and all things in himself.
Great universal Teacher! he shall mould
Thy spirit, and by giving make it ask.

   Therefore all seasons shall be sweet to thee,
Whether the summer clothe the general earth
With greenness, or the redbreasts sit and sing
Betwixt the tufts of snow on the bare branch
Of mossy apple-tree, while all the thatch
Smokes in the sun-thaw: whether the eave-drops fall
Heard only in the trances of the blast,
Or whether the secret ministry of cold
Shall hang them up in silent icicles,
Quietly shining to the quiet moon,
Like those, my babe! which, ere to-morrow's warmth

Mein Kind so wunderschön! es füllt mein Herz
Mit zartem Frohsein, dich so anzusehn
Und denken, dass du andres lernen wirst,
Und in ganz andrer Gegend! Ich wuchs auf
In der Großstadt, im Kloster eingepfercht,
Und sah nichts Schönes als das Sternenzelt.
Doch *du*, mein Kind! wirst schweifen wie ein Wind,
Am Sandstrand und am See, unter dem Fels
Uralten Bergs, mit Wolken überdacht,
In deren Massen Seen, Strand und Fels
Sich zeigen: Sehn und hören wirst du so
Die süße Fassbarkeit von Form und Klang
Der ewgen Sprache, die dein Schöpfer spricht,
Welcher sich selbst in allen Dingen lehrt,
Und alles in sich selbst, seit Ewigkeit.
Lehrer von allem! formen wird er dir
Und gebend bitten lassen deinen Geist.

    Darum wird dir das ganze Jahr süß sein,
Ob nun der Sommer grün die Erde schmückt,
Ob die Rotkehlchen zwischen Tupfern Schnee
Im moosgen Apfelbaum auf kahlem Ast
Ihr Liedchen singen, und im Sonnentau
Das Deckstroh dampft: Ob Tropfen falln vom Dach,
Allein zu hören in der Trance der Böen,
Ob das geheime Amt der Kälte sie
Als stumme Eiseszapfen hängen wird,
Die stille scheinen zu dem stillen Mond,
Wie diese, Kind! die, von dem Warm des Tags

Have capp'd their sharp keen points with pendulous drops,
Will catch thine eye, and with their novelty
Suspend thy little soul; then make thee shout,
And stretch and flutter from thy mother's arms,
As thou would'st fly for very eagerness.

Noch nicht mit Hängetropfen abgestumpft,
Dein Auge bannen, und als neuer Reiz
Dein kleines Seelchen fesseln; bis du rufst,
Und zappelst in der Mutter Arm, als ob
Du fliegen wolltest vor Begeisterung.

Fears in Solitude
WRITTEN IN APRIL, 1798,
DURING THE ALARM OF AN INVASION

A green and silent spot, amid the hills,
A small and silent dell! O'er stiller place
No singing sky-lark ever poised himself.
The hills are heathy, save that swelling slope,
Which hath a gay and gorgeous covering on,
All golden with the never-bloomless furze,
Which now blooms most profusely: but the dell,
Bathed by the mist, is fresh and delicate
As vernal corn-field, or the unripe flax,
When, through its half-transparent stalks, at eve,
The level sunshine glimmers with green light.
Oh! 'tis a quiet spirit-healing nook!
Which all, methinks, would love; but chiefly he,
The humble man, who, in his youthful years,
Knew just so much of folly, as had made
His early manhood more securely wise!
Here he might lie on fern or withered heath,
While from the singing lark (that sings unseen
The minstrelsy that solitude loves best),
And from the sun, and from the breezy air,
Sweet influences trembled o'er his frame;
And he, with many feelings, many thoughts,

Ängste in Einsamkeit
GESCHRIEBEN IM APRIL 1798
WÄHREND EINES INVASIONSALARMS

Ein stiller, grüner Fleck, vom Berg gesäumt,
Ein stilles, kleines Tal! Ort höchster Ruh,
Der je von Lerchen singend ward bewohnt.
Die Hügel sind voll Heide, nur das Bord
Da drüben trägt ein farbenfrohes Kleid
Von goldnem Ginster, der niemals verblüht
Und jetzt in reichster Blüte steht: Doch das Tal,
In Dunst getaucht, ist anmutig und frisch
Wie Mais im Frühling, oder junger Flachs,
Wenn Abends quer durch seiner Stängel Wuchs
Das flache Licht der Sonne grünlich glimmt.
Ach! 's ist ein Winkel, der die Seele heilt!
Den jeder lieben würd; hauptsächlich er,
Der schlichte Mann, der in der Jugendzeit
Nur so viel Dummes tat, wie später ihm
Zur Klugheit des Erwachsenen verhalf!
Hier könnt er ruhn auf Heide oder Farn,
Während vom Lied der Lerche (Sängertum
Verborgen, das die Einsamkeit so liebt)
Und von der Sonne und dem frischen Wind
Ein süßer Einfluss ihn erbeben ließ;
Und er, mit viel Gedanken und Gefühl,

Made up a meditative joy, and found
Religious meanings in the forms of nature!
And so, his senses gradually wrapt
In a half sleep, he dreams of better worlds,
And dreaming hears thee still, O singing lark;
That singest like an angel in the clouds!

  My God! it is a melancholy thing
For such a man, who would full fain preserve
His soul in calmness, yet perforce must feel
For all his human brethren – O my God!
It weighs upon the heart, that he must think
What uproar and what strife may now be stirring
This way or that way o'er these silent hills –
Invasion, and the thunder and the shout,
And all the crash of onset; fear and rage,
And undetermined conflict – even now,
Even now, perchance, and in his native isle:
Carnage and groans beneath this blessed sun!
We have offended, Oh! my countrymen!
We have offended very grievously,
And been most tyrannous. From east to west
A groan of accusation pierces Heaven!
The wretched plead against us; multitudes
Countless and vehement, the sons of God,
Our brethren! Like a cloud that travels on,
Steamed up from Cairo's swamps of pestilence,
Even so, my countrymen! have we gone forth
And borne to distant tribes slavery and pangs,

Die Freude der Versenkung fand, und in
Den Formen der Natur göttlichen Sinn!
Und dann, die Wahrnehmung in Dämmerschlaf
Gehüllt, träumt er von einer bessren Welt,
Und hört dich, O Feldlerche, träumend noch;
Wie engelgleich du in den Wolken singst!

   Mein Gott! die Sache ist gar wehmutsvoll
Für einen Mann, der sich die Seelenruh
Bewahren will, und notgedrungen doch
Mit allen Menschenbrüdern fühlt – O Gott!
Sein Herz bedrückt es, dass er denken muss,
Welch Streit und Aufruhr sich nun da wie dort
Jenseits der stillen Hügel regen könnt –
Invasion, Gedonner und Geschrei,
Der ganze Lärm des Angriffs; Angst und Wut,
Und unentschiedner Kampf – gerade jetzt,
Vielleicht, auf seiner Heimatinsel gar:
Blutbad und Stöhnen unter dieser Sonn!
Wir schufen Unrecht, Ach! Landsleute mein!
Wir schufen Unrecht allerschwerster Art,
Und schlimme Tyrannei. Von Ost bis West
Dringt vorwurfsvolles Stöhnen himmelwärts!
Das Elend klagt uns scharenweise an,
Zahllos und stürmisch, Söhne sind's von Gott,
Brüder von uns! Wie wanderndes Gewölk,
Aus Kairos Seuchensumpfgebiet verdampft,
Gerade so, Landsleute! brachten wir
Den fernen Stämmen Sklaverei und Leid,

And, deadlier far, our vices, whose deep taint
With slow perdition murders the whole man,
His body and his soul! Meanwhile, at home,
All individual dignity and power
Engulfed in courts, committees, institutions,
Associations and societies,
A vain, speech-mouthing, speech-reporting guild,
One benefit-club for mutual flattery,
We have drunk up, demure as at a grace,
Pollutions from the brimming cup of wealth;
Contemptuous of all honourable rule,
Yet bartering freedom and the poor man's life
For gold, as at a market! The sweet words
Of Christian promise, words that even yet
Might stem destruction, were they wisely preached,
Are muttered o'er by men, whose tones proclaim
How flat and wearisome they feel their trade:
Rank scoffers some, but most too indolent
To deem them falsehoods or to know their truth.
Oh! blasphemous! the book of life is made
A superstitious instrument, on which
We gabble o'er the oaths we mean to break;
For all must swear – all and in every place,
College and wharf, council and justice-court;
All, all must swear, the briber and the bribed,
Merchant and lawyer, senator and priest,
The rich, the poor, the old man and the young;
All, all make up one scheme of perjury,
That faith doth reel; the very name of God

Und, schlimmer, unsre Laster, deren Mal
Den Menschen langsam tötet und verdirbt,
Die Seele und den Leib! Daheim, derweil,
Die Fähigkeit und Würde der Person
In Ämter und Gerichte, Komitees,
Vereine und Gesellschaften gehüllt,
Als eitle Zunft, die Reden hält und streut,
Als Vorteils-Club zum Tausch von Schmeicheleien,
Sittsam wie bei der Andacht, tranken wir
Beschmutzung aus des Reichtums vollem Kelch;
Missachteten all ehrbares Prinzip,
Und tauschten Freiheit und der Armen Wohl
Für Gold, wie auf dem Markt! Das süße Wort
Vom christlichen Versprechen, das noch jetzt
Dem Untergang Einhalt gebieten könnt,
Wird bloß gebrummt von Männern, deren Ton
Von Überdruss an dem Beruf erzählt:
Manche sind Spötter; viele sind zu träg,
Sie falsch zu finden oder zu verstehn.
Ach! Blasphemie! Das Buch des Lebens wird
Zum Aberglaubensmittel, über dem
Wir Eide plappern, die wir brechen wolln;
Denn alle müssen schwören – überall,
Schule und Hafen, Ratsaal und Gericht;
Es schwörn Bestecher und Bestochener,
Senator, Priester, Händler und Jurist,
Der Arme wie der Reiche, Jung wie Alt;
Sie stellen ein System des Meineids auf,
Der Glaube wankt; der Name Gottes selbst

Sounds like a juggler's charm; and, bold with joy,
Forth from his dark and lonely hiding-place,
(Portentous sight!) the owlet Atheism,
Sailing on obscene wings athwart the noon,
Drops his blue-fringed lids, and holds them close,
And hooting at the glorious sun in Heaven,
Cries out, 'Where is it?'

                        Thankless too for peace
(Peace long preserved by fleets and perilous seas),
Secure from actual warfare, we have loved
To swell the war-whoop, passionate for war!
Alas! for ages ignorant of all
Its ghastlier workings, (famine or blue plague,
Battle, or siege, or flight through wintry snows),
We, this whole people, have been clamorous
For war and bloodshed; animating sports,
The which we pay for as a thing to talk of,
Spectators and not combatants! No guess
Anticipative of a wrong unfelt,
No speculation on contingency,
However dim and vague, too vague and dim
To yield a justifying cause; and forth,
(Stuffed out with big preamble, holy names,
And adjurations of the God in Heaven),
We send our mandates for the certain death
Of thousands and ten thousands! Boys and girls,
And women, that would groan to see a child
Pull off an insect's wing, all read of war,

Klingt wie ein Gauklerspruch; und, frech vor Lust,
Verlässt sein dunkles, einsames Versteck
(Ein düstres Bild!) das Käuzchen Heidentum
Und flattert durch den Mittag unverschämt.
Es drückt die blaugesäumten Lider zu
Und ruft zur Sonnenpracht empor und fragt:
›Wo ist sie denn?‹

    Für Frieden undankbar
(Frieden gewahrt dank Flotten und der See),
Verschont von allen Kriegen, liebten wir
Das Kriegsgeschrei zu schreien, in Gier nach Krieg!
O weh! seit langem seine Grässlichkeit
Ganz übersehend (Hunger, Schwarzer Tod,
Schlacht und Blockade, Flucht durch Schnee und Frost),
Verlangten wir, das ganze Volk, nach Krieg
Und Blutvergießen; drängend auf ein Spiel,
Von uns bezahlt als Thema zum Gespräch,
Zuschauer, keine Kämpfer! Nie ist uns
Die Ahnung eines unerlittnen Leids,
Nie die Vermutung einer Möglichkeit,
Wie immer schwach und vag, zu vag und schwach,
Als Kriegesgrund zu dienen; und sogleich
(Mit schwülstigen Präambeln vollgepackt,
Mit Namen fromm und Bitten an den Gott)
Erfolgt der Auftrag zum gewissen Tod
Von Abertausenden! Die Kleinsten gar,
Und Weiber, die wohl seufzen, wenn ein Kind
Insektenflügel ausreißt, lesen all

The best amusement for our morning meal!
The poor wretch, who has learnt his only prayers
From curses, and who knows scarcely words enough
To ask a blessing from his Heavenly Father,
Becomes a fluent phraseman, absolute
And technical in victories and defeats,
And all our dainty terms for fratricide;
Terms which we trundle smoothly o'er our tongues
Like mere abstractions, empty sounds to which
We join no feeling and attach no form!
As if the soldier died without a wound;
As if the fibres of this godlike frame
Were gored without a pang; as if the wretch,
Who fell in battle, doing bloody deeds,
Passed off to Heaven, translated and not killed;
As though he had no wife to pine for him,
No God to judge him! Therefore, evil days
Are coming on us, O my countrymen!
And what if all-avenging Providence,
Strong and retributive, should make us know
The meaning of our words, force us to feel
The desolation and the agony
Of our fierce doings?

     Spare us yet awhile,
Father and God! O! spare us yet awhile!
Oh! let not English women drag their flight
Fainting beneath the burthen of their babes,
Of the sweet infants, that but yesterday

Vom Krieg, als bestes Frühstücks-Amüsement!
Der arme Kerl, der sein Gebet allein
Aus Flüchen kennt, und kaum die Wörter hat
Für einen Segenswunsch an seinen Gott,
Wird ein gewandter Referent, Fachmann
Für Sieg und Niederlage, und für all
Die netten Namen für den Brudermord;
Namen, die flink uns von der Zunge gehn
Wie bloße Abstraktionen, leerer Schall,
An den kein Bild geknüpft ist, kein Gefühl!
Als stürbe der Soldat ganz unversehrt;
Als würde ihm sein göttergleicher Leib
Schmerzlos durchbohrt; als würd der arme Kerl,
Der in der Schlacht, selbst Blut vergießend, fiel,
Ins Himmelreich entrückt, nicht umgebracht;
Als hätt er keine Frau, die um ihn klagt,
Als würd kein Gott ihn richten! Unglück kommt,
O meine Landsleut, deshalb über uns!
Was, wenn die Vorsehung, die alles rächt
Und hart vergilt, die eignen Worte uns
Verstehen machte, uns zu spüren zwäng
Die Schädigungen und die Höllenqual
Unserer rohen Taten?

                Schone uns,
O Gott und Vater, eine Weile noch!
Ach! Lass nicht Englands Frauen auf der Flucht
Sich schleppen, von der Last der Kinder schwach,
Der süßen Babys, gestern an der Brust

Laughed at the breast! Sons, brothers, husbands, all
Who ever gazed with fondness on the forms
Which grew up with you round the same fire-side,
And all who ever heard the sabbath-bells
Without the infidel's scorn, make yourselves pure!
Stand forth! be men! repel an impious foe,
Impious and false, a light yet cruel race,
Who laugh away all virtue, mingling mirth
With deeds of murder; and still promising
Freedom, themselves too sensual to be free,
Poison life's amities, and cheat the heart
Of faith and quiet hope, and all that soothes,
And all that lifts the spirit! Stand we forth;
Render them back upon the insulted ocean,
And let them toss as idly on its waves
As the vile sea-weed, which some mountain-blast
Swept from our shores! And oh! may we return
Not with a drunken triumph, but with fear,
Repenting of the wrongs with which we stung
So fierce a foe to frenzy!

              I have told,
O Britons! O my brethren! I have told
Most bitter truth, but without bitterness.
Nor deem my zeal or factious or mistimed;
For never can true courage dwell with them,
Who, playing tricks with conscience, dare not look
At their own vices. We have been too long
Dupes of a deep delusion! Some, belike,

Noch lachend! Söhne, Brüder, Gatten, all
Die jemals zärtlich die Gestalten saht,
Die mit Euch lebten um den selben Herd,
Und all, die je dem Kirchgeläut gelauscht
Ohne gottlosen Hohn, macht ihr euch rein!
Seid Männer! Tretet vor! wehrt ab den Feind,
Der ruchlos ist: ein schwaches Volk, doch roh,
Das Tugenden verlacht und Frohsinn mit
Mordtaten mischt; das Freiheit bloß verspricht,
Doch selbst zu lüstern ist, um frei zu sein,
Vergällt des Lebens Gunst, betrügt das Herz
Um Glaube, Hoffnung, alles was den Geist
Erhebt und tröstet! Treten wir voran;
Und drängen sie zur bittren See zurück,
Und lassen sie auf Wogen treiben, so
Wie übles Seegras, das ein Bergwindstoß
Vom Strand wegfegt! Doch lasst uns heimwärts fahrn
Nicht trunken mit Triumph, vielmehr mit Furcht,
Reumütig ob des Unrechts, das den Feind
In solchen Taumel trieb!

      Ich hab gesagt,
O Briten! Meine Brüder! Hab gesagt
Die bittre Wahrheit, ohne Bitterkeit.
Nicht treulos noch unzeitig ist mein Trieb;
Denn niemals ist mit denen wahrer Mut,
Die, narrend das Gewissen, übersehn
Den eignen Fehl. Wir waren allzu lang
Opfer von tiefer Täuschung! Manche, wohl,

Groaning with restless enmity, expect
All change from change of constituted power;
As if a Government had been a robe,
On which our vice and wretchedness were tagged
Like fancy-points and fringes, with the robe
Pulled off at pleasure. Fondly these attach
A radical causation to a few
Poor drudges of chastising Providence,
Who borrow all their hues and qualities
From our own folly and rank wickedness,
Which gave them birth and nursed them. Others, meanwhile,
Dote with a mad idolatry; and all
Who will not fall before their images,
And yield them worship, they are enemies
Even of their country!

                 Such have I been deemed –
But, O dear Britain! O my Mother Isle!
Needs must thou prove a name most dear and holy
To me, a son, a brother, and a friend,
A husband, and a father! who revere
All bonds of natural love, and find them all
Within the limits of thy rocky shores.
O native Britain! O my Mother Isle!
How shouldst thou prove aught else but dear and holy
To me, who from thy lakes and mountain-hills,
Thy clouds, thy quiet dales, thy rocks and seas,
Have drunk in all my intellectual life,
All sweet sensations, all ennobling thoughts,

Vor Feindschaft fauchend, suchen Wandel nur
Im Wandel institutioneller Macht;
Als wäre die Regierung ein Gewand,
Behängt mit unserm Laster und mit Leid
Als wie mit Fransen und mit Spitze schick,
Beliebig auszuziehn. Sie orten dumpf
Die ganzen Gründe nur bei einer Schar
Von Sklaven züchtigender Vorsehung,
Die alle Art und alle Eigenschaft
Von unsrer Unvernunft und Bosheit borgt,
Aus der sie stammt und lebt. Andre, derweil,
Schwärmen mit irrem Götzendienst; und wer
Nicht knien will vor ihren Bildnissen
Und sie verehrt, der wird sogleich zum Feind
Des Lands gestempelt!

     So ward ich gesehn –
Doch, O Britannien! O mein Mutterland!
Dein Name muss mir lieb und heilig sein,
Der ich ein Bruder bin, ein Sohn und Freund,
Gemahl und Vater! Mir, der allen Bund
Naturgemäßer Liebe ehrt und in
Den Grenzen deines Küstensaums entdeckt.
Heimat Britannien! O mein Mutterland!
Wie solltest mir nicht lieb und heilig sein,
Der ich von deinen Seen und Bergeshöhn,
Den Wolken, Tälern, deinem Fels und Meer,
Mein ganzes Geistesleben zu mir nahm,
Alle Empfindung, allen noblen Sinn,

All adoration of God in nature,
All lovely and all honourable things,
Whatever makes this mortal spirit feel
The joy and greatness of its future being?
There lives nor form nor feeling in my soul
Unborrowed from my country! O divine
And beauteous island! thou hast been my sole
And most magnificent temple, in the which
I walk with awe, and sing my stately songs,
Loving the God that made me!

                              May my fears,
My filial fears, be vain! and may the vaunts
And menace of the vengeful enemy
Pass like the gust, that roared and died away
In the distant tree: which heard, and only heard
In this low dell, bowed not the delicate grass.

  But now the gentle dew-fall sends abroad
The fruit-like perfume of the golden furze:
The light has left the summit of the hill,
Though still a sunny gleam lies beautiful,
Aslant the ivied beacon. Now farewell,
Farewell, awhile, O soft and silent spot!
On the green sheep-track, up the heathy hill,
Homeward I wind my way; and lo! recalled
From bodings that have well-nigh wearied me,
I find myself upon the brow, and pause
Startled! And after lonely sojourning
In such a quiet and surrounded nook,

Und alles Gotteslob in der Natur,
Gar jedes Ding von Ehre und von Reiz,
Alles was diesen Geist hier spüren lässt
Die Pracht und Freude seines künftgen Seins?
Es lebt in mir nicht Form noch ein Gefühl,
Das nicht von meinem Land stammt! Himmlische
Und schöne Insel! du allein warst mir
Ein prächtger Tempel, den ich voller Scheu
Begeh, wenn ich vornehme Lieder sing,
Gott meinen Schöpfer liebend!

                              Mögen leer
Solch Kindesängste sein! und weiterziehn
Die Drohung und der Protz des finstren Feinds
Wie der Windstoss, der heulte und erstarb
In jenem Baum: Nur hier im tiefen Tal
Zu hören, der das zarte Gras nicht bog.

   Doch nun verströmt der sacht gefallne Tau
Des goldnen Ginsters süßen Wohlgeruch:
Das Licht verließ die Hügelkuppe schon,
Doch noch liegt schön ein Sonnenschimmer quer
Am efeuüberwachsnen Leuchtturm. Nun,
Leb wohl, ein Weilchen, zarter, stiller Fleck!
Dem Schafspfad lang, den Heidehügel hoch,
Wend ich mich heimwärts; Sieh! Zurückgeholt
Von Ahnung, die mir fast die Kräfte stahl,
Find ich mich auf dem First, und überrascht
Verweile ich! Nach dem Alleinsein auf
Solch einem leisen und umschlossnen Ort,

This burst of prospect, here the shadowy main,
Dim tinted, there the mighty majesty
Of that huge amphitheatre of rich
And elmy fields, seems like society –
Conversing with the mind, and giving it
A livelier impulse and a dance of thought!
And now, beloved Stowey! I behold
Thy church-tower, and, methinks, the four huge elms
Clustering, which mark the mansion of my friend;
And close behind them, hidden from my view,
Is my own lowly cottage, where my babe
And my babe's mother dwell in peace! With light
And quickened footsteps thitherward I tend,
Remembering thee, O green and silent dell!
And grateful, that by nature's quietness
And solitary musings, all my heart
Is softened, and made worthy to indulge
Love, and the thoughts that yearn for human kind.

Erscheint die jähe Aussicht, hier die See,
Schattig und matt, und da die Majestät
Der riesigen Arena üppigen
Geländs voll Ulmen, wie Gesellschaft scheint's –
Die zu dem Geiste spricht, und Lebensreiz
Und Tänze von Gedanken ihm verleiht!
Und nun, geliebtes Stowey! Sehe ich
Den Kirchturm und die großen Ulmen dicht
Gedrängt ums Wohnhaus meines Freunds;
Dicht hinter ihnen, meinem Blick verhüllt,
Steht mein bescheidnes Haus, in dem mein Kind
Und seine Mutter friedlich wohnen! Schnell
Und leichten Schrittes kehre ich dorthin,
Gedenkend dein, O grünes, stilles Tal!
Und dankbar, dass durch Ruhe der Natur
Und einsames Sinnieren all mein Herz
Mir weich und nun der Liebe würdig wird,
Des Denkens, das mit aller Menschheit fühlt.

The Nightingale
A CONVERSATION POEM. APRIL, 1798

No cloud, no relique of the sunken day
Distinguishes the West, no long thin slip
Of sullen light, no obscure trembling hues.
Come, we will rest on this old mossy bridge!
You see the glimmer of the stream beneath,
But hear no murmuring: it flows silently,
O'er its soft bed of verdure. All is still,
A balmy night! and though the stars be dim,
Yet let us think upon the vernal showers
That gladden the green earth, and we shall find
A pleasure in the dimness of the stars.
And hark! the Nightingale begins its song,
'Most musical, most melancholy' bird!
A melancholy bird! Oh! idle thought!
In nature there is nothing melancholy.
But some night-wandering man whose heart was pierced
With the remembrance of a grievous wrong,
Or slow distemper, or neglected love,
(And so, poor wretch! filled all things with himself,
And made all gentle sounds tell back the tale
Of his own sorrow) he, and such as he,
First named these notes a melancholy strain.
And many a poet echoes their conceit;

Die Nachtigall
EIN KONVERSATIONSGEDICHT. APRIL, 1798

Kein Wölkchen mehr, kein Rest versunknen Tags
Zeichnet den Westen, nicht der schmalste Streif
Von Dämmerlicht, kein dunkles Farbgeflirr.
Kommt, auf der moosgen Brücke rasten wir!
Ihr seht den Schimmer unten auf dem Bach,
Doch hört kein Murmeln: Lautlos fließt er durch
Sein weiches grünes Bett. Es ist ganz still,
Und lau die Nacht! Sind auch die Sterne trüb:
Bedenken wir den Frühlingsschauer nur,
Der's Erdengrün beglückt, dann finden wir
Gar in der Sterne Trübheit ein Behagen.
Und horch! ihr Lied beginnt die Nachtigall,
Tier ›voll Musik und voll Melancholie‹!
Ein Vogel melancholisch! Dummes Zeug!
Melancholie gibt's nicht in der Natur.
Irgendein nächtens ziehnder Mann war einst
Von schlimmem Unrecht tief im Herz gekränkt,
Von trägem Siechtum oder Liebesschmerz,
(Der Ärmste füllte alles mit sich selbst,
Ließ jeden sanften Klang vom eignen Leid
Berichten); er, und andere wie er,
Nannten dies Lied erstmals Melancholie.
Und mancher Dichter tut es ihnen gleich,

Poet who hath been building up the rhyme
When he had better far have stretched his limbs
Beside a brook in mossy forest-dell,
By sun or moon-light, to the influxes
Of shapes and sounds and shifting elements
Surrendering his whole spirit, of his song
And of his fame forgetful! so his fame
Should share in Nature's immortality,
A venerable thing! and so his song
Should make all Nature lovelier, and itself
Be loved like Nature! But 'twill not be so;
And youths and maidens most poetical,
Who lose the deepening twilights of the spring
In ball-rooms and hot theatres, they still
Full of meek sympathy must heave their sighs
O'er Philomela's pity-pleading strains.

   My Friend, and thou, our Sister! we have learnt
A different lore: we may not thus profane
Nature's sweet voices, always full of love
And joyance! 'Tis the merry Nightingale
That crowds, and hurries, and precipitates
With fast thick warble his delicious notes,
As he were fearful that an April night
Would be too short for him to utter forth
His love-chant, and disburthen his full soul
Of all its music!

           And I know a grove
Of large extent, hard by a castle huge,

Der seine Verse aufgeschichtet hat,
Wenn er sich besser neben einen Bach
Ins Moos des waldgen Tälchens hätt gelegt,
Bei Sonne oder Mondlicht, ganz den Geist
Dem Strom von Klang, Gestalt und Wechselspiel
Des Wetters hingegeben, seinen Sang
Und seinen Ruhm vergessend! dass sein Ruhm
Teil habe an der ewigen Natur,
Welch ehrenwerter Fall! und dass sein Sang
Alle Natur verschönere, und selbst
Wie sie geliebt sei! So ist's aber nicht:
Jüngling und Jungfer voller Poesie,
Welche das tiefe Frühlingsdämmerlicht
Verpassen im Theater und beim Tanz,
Seufzen doch artig voller Mitgefühl
Zu Philomelas Lied, das Mitleid heischt.

 Mein Freund, und unsre Schwester! wir verstehn
Es anders: Nicht entweihen dürfen wir
Die süßen Stimmen der Natur, voll Freud
Und Liebe! Fröhlich ist die Nachtigall,
Die ihre feinen Töne drängt und hetzt
Und dicht und eilig trillernd von sich gibt,
Als fürchte sie, es sei die Frühlingsnacht
Zu kurz, die Liebeshymne darzutun,
Sich zu erleichtern ihre volle Brust
Aller Musik!

   Ich kenne einen Hain,
Weitläufig, nahe einer großen Burg,

Which the great lord inhabits not; and so
This grove is wild with tangling underwood,
And the trim walks are broken up, and grass,
This grass and king-cups grow within the paths.
But never elsewhere in one place I knew
So many nightingales; and far and near,
In wood and thicket, over the wide grove,
They answer and provoke each other's song,
With skirmish and capricious passagings,
And murmurs musical and swift jug jug,
And one low piping sound more sweet than all –
Stirring the air with such a harmony,
That should you close your eyes, you might almost
Forget it was not day! On moon-lit bushes,
Whose dewy leaflets are but half disclosed,
You may perchance behold them on the twigs,
Their bright, bright eyes, their eyes both bright and full,
Glistening, while many a glow-worm in the shade
Lights up her love-torch.

                A most gentle Maid,
Who dwelleth in her hospitable home
Hard by the castle, and at latest eve
(Even like a Lady vowed and dedicate
To something more than Nature in the grove)
Glides through the pathways; she knows all their notes,
That gentle Maid! and oft a moment's space,
What time the moon was lost behind a cloud,
Hath heard a pause of silence; till the moon

Die ihr Gebieter nicht bewohnt; und so
Wuchern im Hain Gestrüpp und Unterholz,
Die schmucken Wege sind zertrennt, und Gras
Und Butterblumen wachsen auf dem Pfad.
Doch nirgends sonst wusst ich an einem Ort
So viele Nachtigallen; fern und nah,
Im Wald und Dickicht, durch den weiten Hain,
Antworten sie einander auf ihr Lied,
Mit Plänkelei und launischem Gefecht,
Musischer Murmelei und flinkem Schlag,
Und einem tiefen Pfeifen allerliebst –
Und rührn die Luft zu solcher Harmonie,
Dass man geschlossnen Lids fast meinen könnt,
Es herrsche Tag! Auf monderhelltem Busch
Mit halb enthüllten Blättchen voller Tau
Kann man sie manchmal auf den Zweigen sehn
Mit ihren Funkelaugen hell und rund,
Derweil im Dunkel manch ein Glühwürmchen
Sein Liebeslicht ansteckt.

                        Ein Mädchen zart,
Das wohnt in ihrem gastlichen Zuhaus
Nah bei der Burg, und das zu später Stund
(Wie eine Dame Größrem als Natur
Im Haine hingegeben und verlobt)
Den Pfad durchschwebt; all ihre Töne kennt
Dies zarte Mädchen! und gewahrte oft,
Als hinter Wolken sich der Mond verlor,
Das Schweigen einer Pause; bis der Mond

Emerging, hath awakened earth and sky
With one sensation, and these wakeful birds
Have all burst forth in choral minstrelsy,
As if some sudden gale had swept at once
A hundred airy harps! And she hath watched
Many a nightingale perch giddily
On blossomy twig still swinging from the breeze,
And to that motion tune his wanton song
Like tipsy joy that reels with tossing head.

   Farewell, O Warbler! till to-morrow eve,
And you, my friends! farewell, a short farewell!
We have been loitering long and pleasantly,
And now for our dear homes. – That strain again!
Full fain it would delay me! My dear babe,
Who, capable of no articulate sound,
Mars all things with his imitative lisp,
How he would place his hand beside his ear,
His little hand, the small forefinger up,
And bid us listen! And I deem it wise
To make him Nature's play-mate. He knows well
The evening-star; and once, when he awoke
In most distressful mood (some inward pain
Had made up that strange thing, an infant's dream –)
I hurried with him to our orchard-plot,
And he beheld the moon, and, hushed at once,
Suspends his sobs, and laughs most silently,
While his fair eyes, that swam with undropped tears,
Did glitter in the yellow moon-beam! Well! –

Auftauchte und mit einem Eindruck Welt
Und Himmel weckte, und die wache Schar
Der Vögel ausbrach in Choralgesang,
Als hätt ein Luftzug jäh aufs Mal ein Heer
Von Windharfen gestreift! So sah sie denn
Manch eine Nachtigall, die schwindlig sitzt
Im Blütenzweig, der schaukelt noch vom Wind,
Und ihr frivoles Lied dazu anstimmt –
Berauschte Freude, die ihr Köpfchen schwenkt.

   Leb wohl, Du Trillerer! bis morgen Nacht,
Ihr Freunde auch! ein kurzes Lebewohl!
Wir haben lang und lusterfüllt gestreunt,
Zu unsren Heimen jetzt. – Das Lied noch mal!
Es möcht mich aufhalten! Mein lieber Bub,
Der keinen Laut artikulieren kann
Und alles lispelnd nachahmt und verfälscht,
Wie er sein Händchen halten würd ans Ohr,
Den Zeigefinger in die Luft, und so
Uns hören heißen! Und mir scheint es klug,
Zum Spielfreund ihm zu geben die Natur.
Er kennt den Abendstern; und als er einst
Gequält erwachte (als ein innrer Schmerz
Dies Sonderbare schuf, den Kindertraum –)
Eilt ich mit ihm zu unsrem Obstgarten,
Da schaute er zum Mond, verstummte jäh,
Schluchzte nicht mehr und lachte schweigend still,
Und seine schönen Augen, tränennass,
Glänzten dabei im gelben Mondstrahl! Ja! –

It is a father's tale: But if that Heaven
Should give me life, his childhood shall grow up
Familiar with these songs, that with the night
He may associate joy. – Once more, farewell,
Sweet Nightingale! Once more, my friends! farewell.

So spricht ein Vater: Doch wenn Leben mir
Der Himmel schenkt, soll seine Kinderzeit
Vertraut mit diesen Liedern sein, dass Nacht
Ihm Freud bedeute. – Nochmals, Nachtigall,
Leb wohl! Und meine Freunde auch, lebt wohl!

The Rime of the Ancient Mariner
IN SEVEN PARTS

Part I

An ancient Mariner meeteth three Gallants bidden to a wedding-feast, and detaineth one.

It is an ancient Mariner,
And he stoppeth one of three.
"By thy long grey beard and glittering eye,
Now wherefore stopp'st thou me?

The Bridegroom's doors are opened wide,
And I am next of kin;
The guests are met, the feast ist set:
May'st hear the merry din."

He holds him with his skinny hand,
"There was a ship", quoth he.
"Hold off! unhand me, grey-beard loon!"
Eftsoons his hand dropt he.

The Wedding-Guest is spellbound by the eye of the old seafaring man, and constrained to hear his tale.

He holds him with his glittering eye –
The Wedding-Guest stood still,
And listens like a three years' child:
The Mariner hath his will.

The Wedding-Guest sat on a stone:
He cannot choose but hear;
And thus spake on the ancient man,
The bright-eyed Mariner.

Die Ballade vom alten Seemann
IN SIEBEN TEILEN

Teil I

Ein alter Seemann trifft auf drei Kavaliere, die zu einem Hochzeitsfest geladen sind, und hält einen auf.

Ein alter Seemann ists, er stoppt
Von dreien einen Mann.
»Beim langen Bart und Glitzerblick,
Wozu hältst du mich an?

Die Tür ist auf beim Bräutigam,
Ich bin von seinem Blut;
Die Leut im Haus, bereit der Schmaus:
Den Jubel hörst du gut.«

Er hält ihn mit der dürren Hand,
»Da war ein Schiff«, sprach er.
»Lass los, graubärtiger Kerl! Lass ab!«
Alsbald die Hand senkt er.

Der Hochzeitsgast ist gebannt vom Auge des alten Seefahrers und gezwungen, seine Geschichte zu hören.

Er hält ihn mit dem Glitzerblick –
Der Hochzeitsgast stand still,
Und lauschte wie ein kleines Kind:
So wie der Seemann will.

Da setzte sich der Hochzeitsgast:
Er fügt sich dem Geschick;
So fuhr der alte Seemann fort
Mit seinem lichten Blick.

"The ship was cheered, the harbour cleared,
Merrily did we drop
Below the kirk, below the hill,
Below the lighthouse top.

<small>The Mariner tells how the ship sailed southward with a good wind and fair weather, till it reached the line.</small>

The Sun came up upon the left,
Out of the sea came he!
And he shone bright, and on the right
Went down into the sea.

Higher and higher every day,
Till over the mast at noon –"
The Wedding-Guest here beat his breast,
For he heard the loud bassoon.

<small>The Wedding-Guest heareth the bridal music; but the Mariner continueth his tale.</small>

The bride hath paced into the hall,
Red as a rose is she;
Nodding their heads before her goes
The merry minstrelsy.

The Wedding-Guest he beat his breast,
Yet he cannot choose but hear;
And thus spake on the ancient man,
The bright-eyed Mariner.

<small>The ship driven by a storm toward the south pole.</small>

"And now the STORM-BLAST came, and he
Was tyrannous and strong:
He struck with his o'ertaking wings,
And chased us south along.

With sloping masts and dipping prow,
As who pursued with yell and blow

»Das Schiff lief aus mit viel Applaus,
Wir fielen fröhlich ab
Unter die Kirche, unter den Hang,
Unter das Leuchtturmkap.

<small>Der Seemann erzählt, wie das Schiff bei gutem Wind und schönem Wetter nach Süden segelte, bis es den Äquator erreichte.</small>

Zur Linken stieg der Sonnenball,
Herauf vom Meer kam er!
Schien hell, und schwand zur rechten Hand
Hinunter in das Meer.

Höher und höher jeden Tag,
Bis über den Mast, bei Gott –«
Der Hochzeitsgast schlug sich die Brust,
Denn er hörte das Fagott.

<small>Der Hochzeitsgast hört die Brautmusik; doch der Seemann fährt fort mit seiner Geschichte.</small>

Zur Halle schreitet schon die Braut,
Und rosenrot ist sie;
Die Spielleut schreiten vor ihr her
Mit muntrer Melodie.

Der Hochzeitsgast schlug sich die Brust,
Doch fügt sich dem Geschick;
So fuhr der alte Seemann fort
Mit seinem lichten Blick.

<small>Das Schiff von einem Sturm dem Südpol zu getrieben.</small>

»Nun kam der Sturmwind, und er war
Von herrisch hartem Zwang:
Mit brüsken Flügeln schlug er zu
Und jagt uns südwärts lang.

Die Masten schräg, den Bug gesenkt,
Wie wer von Schrei und Schlag bedrängt

Still treads the shadow of his foe,
And forward bends his head,
The ship drove fast, loud roared the blast,
And southward aye we fled.

And now there came both mist and snow,
And it grew wondrous cold:
And ice, mast-high, came floating by,
As green as emerald.

The land of ice, and of fearful sounds where no living thing was to be seen.

And through the drifts the snowy clifts
Did send a dismal sheen:
Nor shapes of men nor beasts we ken –
The ice was all between.

The ice was here, the ice was there,
The ice was all around:
It cracked and growled, and roared and howled,
Like noises in a swound!

Till a great sea-bird, called the Albatross, came through the snow-fog, and was received with great joy and hospitality.

At length did cross an Albatross,
Thorough the fog it came;
As if it had been a Christian soul,
We hailed it in God's name.

It ate the food it ne'er had eat,
And round and round it flew.
The ice did split with a thunder-fit;
The helmsman steered us through!

And lo! the Albatross proveth a bird of good omen, and followeth the ship as it returned northward through fog and floating ice.

And a good south wind sprung up behind;
The Albatross did follow,

Im Schatten seines Feindes hängt,
Den Kopf vorbeuget weit,
Flohn wir geschwind bei Sturm und Wind,
Nach Süden allezeit.

Und nun kam Nebel, nun kam Schnee,
Und Kälte bitterlich:
Und hochgeragt, grün wie Smaragd,
War Eis, das um uns strich.

<small>Das Land aus Eis und voller furchtbarer Geräusche, wo kein Lebewesen zu sehen war.</small>

Schneeweiße Schründe glommen schwach
Als fahler Schein im Schwall:
Nicht Form von Tier noch Mensch sahn wir –
Das Eis war überall.

Das Eis war hier, das Eis war da,
Vom Eis war alls umringt:
Es barst und stöhnt, und kreischt und dröhnt,
Wies in der Ohnmacht klingt!

<small>Bis ein großer Seevogel, genannt der Albatros, durch den Schneedunst kam und mit großer Freude und Gastlichkeit empfangen wurde.</small>

Und schließlich schoss ein Albatros
Zu uns durch dichten Dunst;
Wir riefen ihn als Christenseel,
Und wünschten Gottes Gunst.

Er fraß, was er gefressen nie,
Flog Runden um den Ort.
Das Eis zersprang mit Donnerklang;
Wir steuerten uns fort!

<small>Und sieh! Der Albatros erweist sich als Vogel guten Vorzeichens und folgt dem Schiff, das durch Nebel und Treibeis nach Norden zurückkehrte.</small>

Hinten kam guter Südwind auf;
Der Albatros wich nimmer,

And every day, for food or play,
Came to the mariner's hollo!

In mist or cloud, on mast or shroud,
It perched for vespers nine;
Whiles all the night, through fog-smoke white,
Glimmered the white Moon-shine."

The ancient Mariner inhospitably killeth the pious bird of good omen.

"God save thee, ancient Mariner!
From the fiends, that plague thee thus! –
Why look'st thou so?" – With my cross-bow
I shot the ALBATROSS.

Part II

The Sun now rose upon the right:
Out of the sea came he,
Still hid in the mist, and on the left
Went down into the sea.

And the good south wind still blew behind,
But no sweet bird did follow,
Nor any day for food or play
Came to the mariners' hollo!

His shipmates cry out against the ancient Mariner, for killing the bird of good luck.

And I had done a hellish thing,
And it would work 'em woe:
For all averred, I had killed the bird
That made the breeze to blow.
Ah wretch! said they, the bird to slay,
That made the breeze to blow!

Und kam zu Gast, für Spiel und Kost,
Auf Seemanns Rufen immer!

Bei Nebel und Nass, auf Want und Mast,
Saß er neun Nächte lang;
Während weiß und fein der Mondenschein
Den Nebelrauch durchdrang.«

<small>Ungastlich tötet der alte Seemann den braven Vogel guten Vorzeichens.</small>

»Gott, alter Seemann, rette dich!
Vor solch Teufeln aus der Not! –
Was starrst?« – Ich schoss den Albatros
Mit meiner Armbrust tot.

Teil II

Zur Rechten stieg der Sonnenball,
Vom Meer herauf kam er!
Versteckt im Nebel sank er links
Hinunter in das Meer.

Noch frischte guter Südwind auf;
Der Albatros flog nimmer,
Kam nie zu Gast, für Spiel und Kost,
Wie sie auch riefen immer!

<small>Seine Schiffskameraden erheben die Stimme gegen den alten Seemann, wegen der Tötung des Vogels guten Vorzeichens.</small>

Ich hatte Höllisches getan,
Das sie in Sorge stieß:
Man schrie erregt, ich hätt erlegt,
Was Brisen blasen ließ.
'S wär schlecht von mir; tot sei das Tier,
Das Brisen blasen ließ!

<small>But when the fog cleared off, they justify the same, and thus make themselves accomplices in the crime.</small>

Nor dim nor red, like God's own head,
The glorious Sun uprist:
Then all averred, I had killed the bird
That brought the fog and mist.
'Twas right, said they, such birds to slay,
That bring the fog and mist.

<small>The fair breeze continues; the ship enters the Pacific Ocean, and sails northward, even till it reaches the Line.</small>

The fair breeze blew, the white foam flew,
The furrow followed free;
We were the first that ever burst
Into that silent sea.

<small>The ship hath been suddenly becalmed.</small>

Down dropt the breeze, the sails dropt down,
'Twas sad as sad could be;
And we did speak only to break
The silence of the sea!

All in a hot and copper sky,
The bloody Sun, at noon,
Right up above the mast did stand,
No bigger than the Moon.

Day after day, day after day,
We stuck, nor breath nor motion;
As idle as a painted ship
Upon a painted ocean.

<small>And the Albatross begins to be avenged.</small>

Water, water, every where,
And all the boards did shrink;
Water, water, every where,
Nor any drop to drink.

	Die Sonn stieg auf in lichtem Lauf
Doch als sich der Nebel verzog, rechtfertigen sie die Tat und machen sich so zu Komplizen des Verbrechens.	Und Gottes ganzer Pracht:
	Man schrie erregt, ich hätt erlegt,
	Was Nebel hat gebracht.
	'S wär recht von mir; tot sei ein Tier,
	Das Nebel hat gebracht.

Die günstige Brise hält an; das Schiff gelangt in den Pazifischen Ozean und segelt nordwärts, bis es den Äquator erreicht.

Die Brise schob, die Gischt zerstob,
Die Furch folgt hinterher;
Kein Mensch zuvor stieß jemals vor
In dieses stille Meer.

Das Schiff ist plötzlich in eine Flaute geraten.

Da fiel der Wind, das Segel fiel,
Die Trauer traf uns schwer:
Ein jeder sprach, damit er brach
Die Stille auf dem Meer.

Am Himmel heiß und kupferrot,
Die Sonne grausam thront
Zu Mittag oberhalb des Masts,
Nicht größer als der Mond.

Tagein, tagaus, tagein, tagaus,
Wir staken fest, kein Wehen;
So träg, als würd ein Schiff gemalt
Im Meergemälde stehen.

Und nun wird der Albatros gerächt.

Wasser, Wasser, überall,
Es schrumpften Brett und Bank;
Wasser, Wasser, überall,
Und doch kein Schluck zum Trank.

The very deep did rot: O Christ!
That ever this should be!
Yea, slimy things did crawl with legs
Upon the slimy sea.

About, about, in reel and rout
The death-fires danced at night;
The water, like a witch's oils,
Burnt green, and blue and white.

A Spirit had followed them; one of the invisible inhabitants of this planet, neither departed souls nor angels; concerning whom the learned Jew, Josephus, and the Platonic Constantinopolitan, Michael Psellus, may be consulted. They are very numerous, and there is no climate or element without one or more.

And some in dreams assuréd were
Of the Spirit that plagued us so;
Nine fathom deep he had followed us
From the land of mist and snow.

And every tongue, through utter drought,
Was withered at the root;
We could not speak, no more than if
We had been choked with soot.

Ah! well a-day! what evil looks
Had I from old and young!
Instead of the cross, the Albatross
About my neck was hung.

The shipmates, in their sore distress, would fain throw the whole guilt on the ancient Mariner: in sign whereof they hang the dead sea-bird round his neck.

Part III

There passed a weary time. Each throat
Was parched, and glazed each eye.
A weary time! a weary time!
How glazed each weary eye,

O Gott, die Tiefe gar ward faul!
Dass solches je geschäh!
Wahrhaftig, schleimig Zeug kroch um
Im Schleime auf der See.

In tollem Tanz erhellt der Glanz
Der Totenfeuer die Nacht;
Das Wasser glomm wie Hexenöl,
War grün, blau, weiß entfacht.

Ein Geist war ihnen gefolgt; einer der unsichtbaren Bewohner dieses Planeten, die weder verschiedene Seelen noch Engel sind; über die der gelehrte Jude Josephus und der Byzantinische Platoniker Michael Psellos zurate gezogen werden können. Sie sind sehr zahlreich, und es gibt kein Klima oder Element ohne einen oder mehrere von ihnen.

Den einen zeigte sich im Traum
Der böse Geist der See;
Neun Klafter tief war er gefolgt
Aus dem Land von Dunst und Schnee.

Die Zunge war durch Trockenheit
Uns wurzeltief verdorrt;
Als wären wir an Ruß erstickt,
Vermochten wir kein Wort.

Ach weh! Welch böser Blick mir da
Von alt und jung zuschoss!
Man hängte schnell an Kreuzes Stell
Um mich den Albatros.

In ihrem schlimmen Elend möchten die Schiffskameraden gern die ganze Schuld auf den alten Seemann laden: Als Zeichen dafür hängen sie ihm den toten Seevogel um den Hals.

Teil III

Die Zeit lief träg. Und jeder Schlund
War dürr, die Augen leer.
O träge Zeit! O träge Zeit!
Wie blickten alle leer,

The ancient Mariner beholdeth a sign in the element afar off.

When looking westward, I beheld
A something in the sky.

At first it seemed a little speck,
And then it seemed a mist;
It moved and moved, and took at last
A certain shape, I wist.

A speck, a mist, a shape, I wist!
And still it neared and neared:
As if it dodged a water-sprite,
It plunged and tacked and veered.

At its nearer approach, it seemeth him to be a ship; and at a dear ransom he freeth his speech from the bonds of thirst.

With throats unslaked, with black lips baked,
We could nor laugh nor wail;
Through utter drought all dumb we stood!
I bit my arm, I sucked the blood,
And cried, A sail! a sail!

With throats unslaked, with black lips baked,
Agape they heard me call:

A flash of joy;

Gramercy! they for joy did grin,
And all at once their breath drew in,
As they were drinking all.

And horror follows. For can it be a ship that comes onward without wind or tide?

See! see! (I cried) she tacks no more!
Hither to work us weal;
Without a breeze, without a tide,
She steadies with upright keel!

The western wave was all a-flame.
The day was well nigh done!

Der alte Seemann erblickt ein Zeichen im Element in der Ferne.

Als spähend ich ein Etwas sah
Vom Abendhimmel her.

Es schien zunächst ein kleiner Fleck,
Dann schiens ein Nebelstrich;
Es fuhr und fuhr, und ward zuletzt
Sogar Gestalt, wahrlich.

Ein Fleck, ein Strich, Gestalt wahrlich!
Und noch kams näher und näher:
Als flöh es einen Wassergeist,
Kreuzte es hin und her.

Als es näher kommt, scheint es ihm ein Schiff zu sein; und für ein teures Lösegeld befreit er seine Sprache von der Fessel des Durstes.

Die Kehle wund, versengt der Mund,
Kein Ach vermochten wir,
Wir stunden stumm in dürrer Glut!
Ich biss mein Fleisch, ich sog das Blut,
Und schrie, Ein Schiff! Seht hier!

Die Kehle wund, versengt der Mund,
Ob meines Rufs verblüfft:

Freude blitzt auf;

Sie grinsten freudig, Gott sei Dank!
Und holten tief, als wärs ein Trank,
All miteinander Luft.

Und Grausen folgt. Denn kann es ein Schiff sein, wenn es ohne Wind oder Gezeiten vorankommt?

Seht! Seht! (schrie ich), es wendet nicht!
Hierher, uns Heil getan;
Und ohne Brise, ohne Flut
Behält es seine Bahn!

Die See im Westen stand im Brand.
Nahzu vorbei der Tag!

Almost upon the western wave
Rested the broad bright Sun;
When that strange shape drove suddenly
Betwixt us and the Sun.

It seemeth him but the skeleton of a ship.

And straight the Sun was flecked with bars,
(Heaven's Mother send us grace!)
As if through a dungeon-grate he peered
With broad and burning face.

Alas! (thought I, and my heart beat loud)
How fast she nears and nears!
Are those *her* sails that glance in the Sun,
Like restless gossameres?

And its ribs are seen as bars on the face of the setting Sun. The Spectre-Woman and her Death-mate, and no other board the skeleton ship.

Are those *her* ribs through which the Sun
Did peer, as through a grate?
And is that Woman all her crew?
Is that a DEATH? and are there two?
Is DEATH that woman's mate?

Like vessel, like crew!

Her lips were red, *her* looks were free,
Her locks were yellow as gold:
Her skin was as white as leprosy,
The Night-mare LIFE-IN-DEATH was she,
Who thicks man's blood with cold.

Death and Life-in-Death have diced for the ship's crew, and she (the latter) winneth the ancient Mariner.

The naked hulk alongside came,
And the twain were casting dice;
"The game is done! I've won! I've won!"
Quoth she, and whistles thrice.

Und auf der Abendsee beinah
Die helle Sonne lag;
Als dieser Schemen auf einmal
Uns vor der Sonne lag.

<small>Es dünkt ihn bloß das Skelett eines Schiffs.</small>

Von Stäben war die Sonn gefleckt,
(Himmelsmutter sei uns gut!)
Als säh sie durch einen Kerkerrost
Mit breiter Stirn voll Glut.

Ach! (dachte ich, und mein Herz schlug laut)
Wie schnell fährts auf uns zu!
Ist dies sein Segel im Sonnenglanz,
Gespinsthaft ohne Ruh?

<small>Seine Spanten erscheinen als Stäbe auf dem Antlitz der untergehenden Sonne. Das Gespenster-Weib und ihr Todes-Maat, und niemand sonst, sind an Bord des Skelettschiffs.</small>

Ist dies sein Spant durch den als Rost
Tat spähn das Sonnenrot?
Ist dieses Weib an Bord allein?
Ist das ein Tod? sind sie zu zweien?
Ist des Weibes Maat der Tod?

Ihr Blick war frei, ihr Mund war rot, <small>Wie das Gefährt, so die Besatzung!</small>
Ihr Haar war goldgelockt:
Die Haut war weiß wie Lepelsucht,
Sie war der Albtraum Leben-im-Tod,
Ders Blut den Menschen stockt.

<small>Tod und Leben-im-Tod haben um die Schiffsmannschaft gewürfelt, und sie (die letztere) gewinnt den alten Seemann.</small>

Längsseitig kam der nackte Rumpf,
Da würfelten die zwei;
»Der Würfel liegt! Ich hab gesiegt!«
Sprach sie und pfiff auf drei.

No twilight within the courts of the Sun.	The Sun's rim dips; the stars rush out:
	At one stride comes the dark;
	With far-heard whisper, o'er the sea,
	Off shot the spectre-bark.
At the rising of the Moon,	We listened and looked sideways up!
	Fear at my heart, as at a cup,
	My life-blood seemed to sip!
	The stars were dim, and thick the night,
	The steersman's face by his lamp gleamed white;
	From the sails the dew did drip –
	Till clomb above the eastern bar
	The hornéd Moon, with one bright star
	Within the nether tip.
One after another,	One after one, by the star-dogged Moon,
	Too quick for groan or sigh,
	Each turned his face with a ghastly pang,
	And cursed me with his eye.
His shipmates drop down dead.	Four times fifty living men,
	(And I heard nor sigh nor groan)
	With heavy thump, a lifeless lump,
	They dropped down one by one.
But Life-in-Death begins her work on the ancient Mariner.	The souls did from their bodies fly, –
	They fled to bliss or woe!
	And every soul, it passed me by,
	Like the whizz of my cross-bow!

Kein Zwielicht in den Höfen der Sonne.	Die Sonn taucht ab, die Sterne auf: Und finster ward es jäh; Mit fernem Flüstern schoss davon Die Geisterbark zur See.
Während der Mond aufgeht,	Wir schauten lauschend himmelwärts! Furcht trank mein Lebensblut vom Herz Gleichsam von einem Krug! Die Sterne trüb, das Dunkel dicht, Der Steuermann bleich im Lampenlicht; Tau fiel vom Segeltuch – Bis der gehörnte Mond von fern Im Osten klomm, ein heller Stern Im Zipfel zu Besuch.
Fallen, einer um den anderen,	Reihum, beim sternverfolgten Mond, Verbog sich schauerlich Ein jeder ohne Ach und Weh, Und sein Aug verfluchte mich.
Seine Schiffskameraden tot um.	Vier mal fünfzig lebend Mann, (Und ich hört nicht Weh noch Ach) Mit viel Getös, ein Kloß leblos, Fielen sie nach und nach.
Doch Leben-im-Tod beginnt ihr Werk am alten Seemann.	Die Seelen warn dem Leib entwischt, – Sie flohn zur Qual, zum Heil! Und dicht an mir vorbeigezischt, So wie mein Armbrustpfeil!

Part IV

The Wedding-Guest feareth that a Spirit is talking to him;

"I fear thee, ancient Mariner!
I fear thy skinny hand!
And thou art long, and lank, and brown,
As is the ribbed sea-sand.

I fear thee and thy glittering eye,
And thy skinny hand, so brown." –

But the ancient Mariner assureth him of his bodily life, and proceedeth to relate his horrible penance.

Fear not, fear not, thou Wedding-Guest!
This body dropt not down.

Alone, alone, all, all alone,
Alone on a wide wide sea!
And never a saint took pity on
My soul in agony.

He despiseth the creatures of the calm,

The many men, so beautiful!
And they all dead did lie:
And a thousand thousand slimy things
Lived on; and so did I.

And envieth the they should live, and so many lie dead.

I looked upon the rotting sea,
And drew my eyes away;
I looked upon the rotting deck,
And there the dead men lay.

I looked to heaven, and tried to pray;
But or ever a prayer had gusht,
A wicked whisper came, and made
My heart as dry as dust.

Teil IV

Der Hochzeitsgast fürchtet, es spreche ein Geist zu ihm;

»Du alter Seemann machst mir Angst!
Mit deiner dünnen Hand!
Und du bist lang und schlank und braun,
Wie Sand am Meeresstrand.

Machst Angst mir mit dem Glitzerblick,
Und der Hand so braun und dünn.« –

Doch der alte Seemann versichert ihn seiner leibhaftigen Lebendigkeit und setzt den Bericht seines grausigen Bußwerks fort.

Hab keine Angst, du Hochzeitsgast!
Der Leib hier sank nicht hin.

Allein, allein, gar, gar allein,
Allein im Meer so weit!
Erbarmte sich kein Heiliger
Meiner Seel in ihrem Leid.

Er verachtet die Geschöpfe der Kalme,

Die vielen Männer, ach so schön!
Gelegt in Totenruh:
Und schleimig Wesen tausendfach
Am Leben; ich dazu.

Und er missgönnte, dass sie leben sollten, und so viele gestorben waren.

Ich schaute auf die Modersee,
Und wandt mein Auge fort;
Ich schaute auf das Moderdeck,
Tot lag die Mannschaft dort.

Ich schaut zum Himmel zum Gebet;
Doch eh es aus mir fand,
Da macht ein böses Flüstern mir
Mein Herz so dürr wie Sand.

I closed my lids, and kept them close,
And the balls like pulses beat;
For the sky and the sea, and the sea and the sky
Lay like a load on my weary eye,
And the dead were at my feet.

But the curse liveth for him in the eye of the dead men.

The cold sweat melted from their limbs,
Nor rot nor reek did they:
The look with which they looked on me
Had never passed away.

An orphan's curse would drag to hell
A spirit from on high;
But oh! more horrible than that
Is the curse in a dead man's eye!
Seven days, seven nights, I saw that curse,
And yet I could not die.

In his loneliness and fixedness he yearneth towards the journeying Moon, and the stars that still sojourn, yet still move onward; and every where the blue sky belongs to them, and is their appointed rest, and their native country and their own natural homes, which they enter unannounced, as lords that are certainly expected and yet there is a silent joy at their arrival.

The moving Moon went up the sky,
And no where did abide:
Softly she was going up,
And a star or two beside –

Her beams bemocked the sultry main,
Like April hoar-frost spread;
But where the ship's huge shadow lay,
The charmèd water burnt away
A still and awful red.

Beyond the shadow of the ship,
I watched the water-snakes:

By the light of the Moon he beholdeth God's creatures of the great calm.

Ich schloss die Augen, hielt sie zu,
Sie pochten, waren wund;
Denn Meer und Himmel, Himmel und Meer
Machten mein müdes Auge schwer,
Als ich bei den Toten stund.

<small>Doch im Auge der toten Männer lebt der Fluch für ihn weiter.</small>

Von ihnen schmolz der kalte Schweiß,
Nicht rottend rochen sie:
Der Blick, mit dem sie mich ansahn,
Er wich von ihnen nie.

Zur Hölle bringt ein Waisenfluch
Einen Geist vom Himmelslicht;
Doch grausiger ist der Fluch noch, ach!
Der aus dem Toten spricht!
Sieben Tag, sieben Nächte sah ich ihn,
Doch sterben konnt ich nicht.

<small>Festgesetzt in seiner Einsamkeit schmachtet er nach dem reisenden Mond und den Sternen, die still verweilen und sich doch fortbewegen; und überall gehört der blaue Himmel ihnen und ist ihnen zur Ruhestatt bestimmt, und zur Heimat und zum natürlichen Zuhause, in das sie unangekündigt gehen als gewiss erwartete Herren, und doch herrscht stille Freude über ihre Ankunft.</small>

Es ging der Mond den Himmel hoch,
Verharrend nirgendwo:
Leise stieg er weiter auf,
Zwei Sterne ebenso –

Sein Schein war Spott der schwülen See,
Wie Raureif im April;
Doch in des Schiffes Schatten stand
Das Wasser wie berückt im Brand,
Ein Rot furchtbar und still.

Jenseits vom Schatten schaute ich
Den Wasserschlangen zu:

<small>Im Licht des Monds erblickt er Gottes Geschöpfe der großen Kalme.</small>

They moved in tracks of shining white,
And when they reared, the elfish light
Fell off in hoary flakes.

Within the shadow of the ship
I watched their rich attire:
Blue, glossy green, and velvet black,
They coiled and swam; and every track
Was a flash of golden fire.

Their beauty and their happiness.

O happy living things! no tongue
Their beauty might declare:
A spring of love gushed from my heart,

He blesseth them in his heart.

And I blessed them unaware:
Sure my kind saint took pity on me,
And I blessed them unaware.

The spell begins to break

The self-same moment I could pray;
And from my neck so free
The Albatross fell off, and sank
Like lead into the sea.

Part V

Oh sleep! it is a gentle thing,
Beloved from pole to pole!
To Mary Queen the praise be given!
She sent the gentle sleep from Heaven,
That slid into my soul.

Sie schwammen strahlend weiß und dicht,
Sie bäumten sich, und Elfenlicht
Fiel schuppig ab im Nu.

Und drin im Schatten schaute ich
Ihr Kleid verziert und teuer:
Blau, schwarzer Samt und grüner Glanz,
Sie wanden schwimmend ihren Schwanz;
Jede Spur ein Strahl aus Feuer.

<small>Ihre Schönheit und ihr Frohsinn.</small>

O frohe Lebewesen! Ach
In Schönheit unsagbar:
Ein Quell der Liebe schoss aus mir,

<small>Und er segnet sie in seinem Herzen.</small>

Und ich pries sie ungewahr:
Mein Heiliger erbarmte sich,
Und ich pries sie ungewahr.

<small>Der Bann beginnt zu brechen.</small>

Sogleich gelang mir ein Gebet;
Da ward mein Nacken frei,
Der Albatros fiel ab, und sank
Ins Meer hinab wie Blei.

Teil V

Ach Schlaf! er ist ein sanftes Ding,
Geliebt allüberall!
Die Muttergottes sei gepriesen!
Sie hat dem Schlaf den Weg gewiesen,
Dass er mir in die Seele fall.

By grace of the holy Mother, the ancient Mariner is refreshed with rain.

The silly buckets on the deck,
That had so long remained,
I dreamt that they were filled with dew;
And when I awoke, it rained.

My lips were wet, my throat was cold,
My garments all were dank;
Sure I had drunken in my dreams,
And still my body drank.

I moved, and could not feel my limbs:
I was so light – almost
I thought that I had died in sleep,
And was a blesséd ghost.

He heareth sounds and seeth strange sights and commotions in the sky and the element.

And soon I heard a roaring wind:
It did not come anear;
But with its sound it shook the sails,
That were so thin and sere.

The upper air burst into life!
And a hundred fire-flags sheen,
To and fro they were hurried about!
And to and fro, and in and out,
The wan stars danced between.

And the coming wind did roar more loud,
And the sails did sigh like sedge;
And the rain poured down from one black cloud;
The Moon was at its edge.

	Die schlichten Eimer auf dem Deck,
Durch Gnade der Muttergottes wird der alte Seemann vom Regen erquickt.	Die standen hier sei je, Sie füllten sich im Traum mit Tau; Ich erwacht, und es regnete.

Mein Mund war nass, mein Hals war kalt,
Die Kleidung war benetzt;
Ich hatt getrunken wohl im Traum,
Mein Körper trank noch jetzt.

Ich regte mich, und spürt mich nicht:
Ich war so leicht – nahzu
Dacht ich, ich wär ein seliger Geist
In meiner letzen Ruh.

	Bald hörte ich ein Windgebraus:
Er hört Geräusche und sieht seltsame Bilder und Aufruhr im Himmel und im Element.	Doch näher kam es nicht; Sein Schall nur schoss ins Segeltuch So abgewetzt und licht.

In hoher Luft brach Leben aus!
Hundertfach Feuerglanz
Schoss hin und her in einem fort!
Und hin und her, und hier und dort,
Dazwischen Sternentanz.

Das Windgebraus, noch lauter ward's,
Das Segel seufzt am Baum;
Der Regen schoss aus Wolken schwarz,
Der Mond an ihrem Saum.

The thick black cloud was cleft, and still
The Moon was at its side:
Like waters shot from some high crag,
The lightning fell with never a jag,
A river steep and wide.

<small>The bodies of the ship's crew are inspired and the ship moves on;</small>

The loud wind never reached the ship,
Yet now the ship moved on!
Beneath the lightning and the Moon
The dead men gave a groan.

They groaned, they stirred, they all uprose,
Nor spake, nor moved their eyes;
It had been strange, even in a dream,
To have seen those dead men rise.

The helmsman steered, the ship moved on;
Yet never a breeze up-blew;
The mariners all 'gan work the ropes,
Where they were wont to do;
They raised their limbs like lifeless tools –
We were a ghastly crew.

They body of my brother's son
Stood by me, knee to knee:
The body and I pulled at one rope,
But he said nought to me.

<small>But not by the souls of the men, nor by dæmons of earth or middle air, but by a blessed troop of angelic spirits, sent down by the invocation of the guardian saint.</small>

"I fear thee, ancient Mariner!"
Be calm, thou Wedding-Guest!
'Twas not those souls that fled in pain,

Die dichte Wolke war zerfurcht,
Der Mond stand noch beiseit:
Wie ein Sturzbach aus dem Felsenschlitz
Schlug ein der ungezackte Blitz
Als Flusslauf steil und breit.

<small>Die Leiber der Schiffsmannschaft werden beseelt und das Schiff fährt weiter;</small>

Der laute Wind kam nie zum Schiff,
Doch weiter fuhrs darauf!
Und unterm Licht von Blitz und Mond
Stöhnten die Toten auf.

Sie stöhnten, regten, hoben sich,
Wortlos, die Blicke starr;
Zu sehn wie Tote auferstehn,
Wär selbst im Traum bizarr.

Der Steuermann führt, es fuhr das Schiff;
Doch nie hob sich ein Wind;
Die Schiffer machten sich ans Seil,
Wie sie's gewohnet sind;
Mit Gliedern wie lebloses Zeug –
Ein grausiges Gesind.

Der Körper meines Bruders Sohn
Stand bei mir, Knie an Knie:
Ich zog mit ihm am selben Seil,
Doch sprechen tat er nie.

<small>Aber nicht durch die Seelen der Männer noch durch Dämonen der Erde oder mittleren Lüfte, sondern durch eine gesegnete Truppe von Engelsgeistern, geschickt durch die Anrufung des Schutzheiligen.</small>

»Du alter Seemann machst mir Angst!«
Du Hochzeitsgast, fass dich!
Denn nicht die Seeln geflohn in Pein

Which to their corses came again,
But a troop of spirits blest:

For when it dawned – they dropped their arms,
And clustered round the mast;
Sweet sounds rose slowly through their mouths,
And from their bodies passed.

Around, around, flew each sweet sound,
Then darted to the Sun;
Slowly the sounds came back again,
Now mixed, now one by one.

Sometimes a-dropping from the sky
I heard the sky-lark sing;
Sometimes all little birds that are,
How they seemed to fill the sea and air
With their sweet jargoning!

And now 'twas like all instruments,
Now like a lonely flute;
And now it is an angel's song,
That makes the heavens be mute.

It ceased; yet still the sails made on
A pleasant noise till noon,
A noise like of a hidden brook
In the leafy month of June,
That to the sleeping woods all night
Singeth a quiet tune.

Zogen wieder in die Leichen ein,
Sondern Geister seliglich:

Sie alle drängten um den Mast,
Sobald der Tag anbrach;
Und Wohlklang stieg durch ihren Mund,
Und aus dem Leib hernach.

Herum, herum, jeder Klang flog um,
Und ward zur Sonn geschickt;
Die Klänge machten langsam kehrt,
Bald einzeln, bald verquickt.

Es drang zuweilen aus der Höh
Der Lerchensang hierher;
Zuweilen Vöglein allerlei,
Wie sie mit süßer Plauderei
Erfüllten Luft und Meer.

Bald wars wie jeglichs Instrument,
Wie Flöte bald allein;
Und bald lässt eines Engels Lied
Im Himmel Schweigen sein.

Bis Mittag hatten die Segel noch
Ein Wohlgeräusch gemacht,
Geräusch wie von verstecktem Bach
Vom Sommerlaub bedacht,
Der leise singt dem ruhenden Wald
Während der ganzen Nacht.

Till noon we quietly sailed on,
Yet never a breeze did breathe:
Slowly and smoothly went the ship,
Moved onward from beneath.

The lonesome Spirit from the south-pole carries on the ship as far as the Line, in obedience to the angelic troop, but still requireth vengeance.

Under the keel nine fathom deep,
From the land of mist and snow,
The spirit slid: and it was he
That made the ship to go.
The sails at noon left off their tune,
And the ship stood still also.

The Sun, right up above the mast,
Had fixed her on the ocean:
But in a minute she 'gan stir,
With a short uneasy motion –
Backwards and forwards half her length
With a short uneasy motion.

Then like a pawing horse let go,
She made a sudden bound:
It flung the blood into my head,
And I fell down in a swound.

The Polar Spirit's fellow-dæmons, the invisible inhabitants of the element, take part in his wrong; and two of them relate, one to the other, that penance long and heavy for the ancient Mariner hath been accorded to the Polar Spirit, who returneth southward.

How long in that same fit I lay,
I have not to declare;
But ere my living life returned,
I heard and in my soul discerned
Two voices in the air.

Wir segelten bis Mittag leis,
Von keinem Hauch berührt:
Langsam und sanft fuhr unser Schiff,
Von unterhalb geführt.

<small>Dem Engelstrupp gehorsam, führt der einsame Geist vom Südpol das Schiff weiter bis zum Äquator, doch verlangt er noch immer nach Rache.</small>

Unter dem Kiel neun Klafter tief,
Von den Schneegefilden her,
Glitt dieser Geist: Und er war es,
Der das Schiff anschob durchs Meer.
Mittag war um, die Segel stumm,
Und das Schiff fuhr auch nicht mehr.

Die Sonne überm Mast hielt es
Am Ort, von Meer umgeben:
Doch rührte es sich bald darauf,
Mit kurzem, bangem Beben –
Vor und zurück den halben Rumpf
Mit kurzem, bangem Beben.

Dann nahm es einen jähen Satz,
Wie ein Hengst, den man losband:
Da schoss das Blut mir in den Kopf,
Und mein Bewusstsein schwand.

<small>Die Dämonenfreunde des Polargeistes, die unsichtbaren Bewohner des Elements, nehmen Anteil an seinem Unrecht; und zwei von ihnen erzählen einander, dass langes und schweres Bußwerk für den alten Seemann dem Polargeist gewährt wurde, der nach Süden zurückkehrt.</small>

Wie lang ich in dem Anfall lag,
Ist nicht berechenbar;
Doch eh mich wieder Leben fand,
Hatt ich in meiner Seel erkannt
In der Luft ein Stimmenpaar.

"Is it he?" quoth one, "Is this the man?
By him who died on cross,
With his cruel bow he laid full low
The harmless Albatross.

The spirit who bideth by himself
In the land of mist and snow,
He loved the bird that loved the man
Who shot him with his bow."

The other was a softer voice,
As soft as honey-dew:
Quoth he, "The man hath penance done,
And penance more will do."

Part VI

FIRST VOICE

"But tell me, tell me! speak again,
Thy soft response renewing –
What makes that ship drive on so fast?
What is the ocean doing?"

SECOND VOICE

"Still as a slave before his lord,
The ocean hath no blast;
His great bright eye most silently
Up to the Moon is cast –

If he may know which way to go;
For she guides him smooth or grim.

»Ist er's?«, frug einer, »Ist's der Mann?
Bei Ihm, der am Kreuze starb,
Er war's, der schoss den Albatros
Und mit dem Pfeil verdarb.

Der Geist, der ganz alleine weilt
Im schneebedeckten Land,
Liebte den Vogel, der liebte den Mann,
Der den Pfeil auf ihn gesandt.«

Noch sanfter, sanft wie Honigtau,
War der andern Stimme Klang:
Sie sprach, »Der Mann hat Buß getan,
Wird Buße tun noch lang.«

Teil VI

Erste Stimme

»Doch sag mir, sag mir! Sprich nochmal,
Mögst wieder sanft mir sagen –
Was macht dem Schiff so schnelle Fahrt?
Was hat sich zugetragen?«

Zweite Stimme

»Still wie ein Sklave vor dem Herrn,
Hat der Ozean keine Bö;
Er wirft sein großes Auge stumm
Zum Mond auf in der Höh –

Er weise ihn, wohin zu ziehn;
Denn er führt ihn rau oder sacht.

See, brother, see! how graciously
She looketh down on him."

FIRST VOICE

"But why drives on that ship so fast,
Without or wave or wind?"

SECOND VOICE

"The air is cut away before,
And closes from behind.
Fly, brother, fly! more high, more high!
Or we shall be belated:
For slow and slow that ship will go,
When the Mariner's trance is abated."

> The Mariner hath been cast into a trance; for the angelic power causeth the vessel to drive northward faster than human life could endure.

I woke, and we were sailing on
As in a gentle weather:
'Twas night, calm night, the moon was high;
The dead men stood together.

> The supernatural motion is retarded; the Mariner awakes, and his penance begins anew.

All stood together on the deck,
For a charnel-dungeon fitter:
All fixed on me their stony eyes,
That in the Moon did glitter.

The pang, the curse, with which they died,
Had never passed away:
I could not draw my eyes from theirs,
Nor turn them up to pray.

And now this spell was snapt: once more
I viewed the ocean green,

> The curse is finally expiated.

Sieh, Bruder, sieh! o sieh nur wie
Er gütig über ihn wacht.«

ERSTE STIMME

Der Seemann wurde in eine Trance versetzt; denn die Engelskraft bewirkt, dass das Gefährt schneller nordwärts fährt, als ein Mensch aushalten kann.

»Warum nur fährt das Schiff so schnell,
Ohne Welle oder Wind?«

ZWEITE STIMME

»Die Luft wird vorne weggedrängt,
Und schließt hernach geschwind.
Eil, Bruder, eil! zur Höhe steil!
Sonst werden wir spät ankommen:
Nur noch gemach fährt das Schiff danach,
Wenn dem Seemann die Trance genommen.«

Die übernatürliche Bewegung verlangsamt sich; der Seemann erwacht, und sein Bußwerk beginnt erneut.

Ich wachte und die Fahrt fuhr fort,
In schonungsvoller Weise:
'S war stille Nacht, der Mond stand hoch;
Die Toten warn im Kreise.

Sie standen alle auf dem Deck –
Ein Kerker der Gebeine:
Aller Augen starrten hart auf mich,
Voll Glanz im Mondenscheine.

Verflogen war von ihnen nie
Des Sterbens Fluch und Schmerz:
Ich konnt mein Auge nicht entziehn,
Noch wenden himmelwärts.

Der Fluch ist endlich gesühnt.

Nun war der Bann gelöst: Erneut
Blickt ich aufs grüne Meer

And looked far forth, yet little saw
Of what had else been seen –

Like one, that on a lonesome road
Doth walk in fear and dread,
And having once turned round walks on,
And turns no more his head;
Because he knows, a frightful fiend
Doth close behind him tread.
But soon there breathed a wind on me,
Nor sound nor motion made:
Its path was not upon the sea,
In ripple or in shade.

It raised my hair, it fanned my cheek
Like a meadow-gale of spring –
It mingled strangely with my fears,
Yet it felt like a welcoming.

Swiftly, swiftly flew the ship,
Yet she sailed softly too:
Sweetly, sweetly blew the breeze –
On me alone it blew.

<small>And the ancient Mariner beholdeth his native country.</small>

Oh! dream of joy! is this indeed
The light-house top I see?
Is this the hill? is this the kirk?
Is this mine own countree?

We drifted o'er the harbour-bar,
And I with sobs did pray –

Und weit voraus, doch sah ich kaum
Was sonst zu sehen wär –

Wie einer, der am Pfad weitab
In Angst und Schrecken steht,
Nach einmal Umdrehn weiterläuft,
Den Kopf nie mehr umdreht;
Dieweil er weiß, dass hinter ihm
Ein übler Unhold geht.

Doch blies ein Wind bald zu mir her,
Ganz ohne Kraft und Klang:
Kein Zeichen ließ er auf dem Meer,
Nicht Farb noch Wellengang.

Er hob mein Haar, erfrischt die Stirn
Wie ein Auenwindchen kühl –
Er mengte fremd in meine Angst
Ein Willkommenseinsgefühl.

Zügig, zügig flog das Schiff,
Das doch ganz sachte fuhr:
Lieblich, lieblich blies der Wind –
Auf mich alleine nur.

Und der alte Seemann erblickt sein Heimatland.

Ach! Freudentraum! hab ich fürwahr
Den Leuchtturmspitz erkannt?
Ist dies der Hang? ist dies die Kirch?
Ist dies mein eignes Land?

Wir trieben in den Hafen ein,
Ich schluchzte ein Gebet –

O let me be awake, my God!
Or let me sleep always.

The harbour-bay was clear as glass,
So smoothly it was strewn!
And on the bay the moonlight lay,
And the shadow of the Moon.

The rock shone bright, the kirk no less,
That stands above the rock:
The moonlight steeped in silentness
The steady weathercock.

And the bay was white with silent light,
Till rising from the same,
The angelic spirits leave the dead bodies, Full many shapes, that shadows were,
In crimson colours came.

A little distance from the prow
And appear in their own forms of light. Those crimson shadows were:
I turned my eyes upon the deck –
Oh, Christ! what saw I there!

Each corse lay flat, lifeless and flat,
And, by the holy rood!
A man all light, a seraph-man,
On every corse there stood.

This seraph-band, each waved his hand:
It was a heavenly sight!
They stood as signals to the land,
Each one a lovely light;

O lass mich wachend sein, mein Gott!
Oder lass mich schlafen stet.

Geglättet lag die Hafenbucht,
Sie war so spiegelklar!
Und auf der Bucht lag Mondenlicht,
Und Mondesschatten gar.

Der Stein schien hell, die Kirch dazu,
Die steht auf dem Gestein:
Der treue Turmhahn ist in Ruh
Getaucht vom Mondenschein.

Die Engelsgeister verlassen die toten Leiber,

Weiß war die Bucht mit stillem Licht,
Bis dass aus ihr empor
Vielfältige Form, die Schatten war,
In Blutrot kam hervor.

Und erscheinen in ihrer eigenen Lichtgestalt.

Die roten Schatten waren schon
Dem Bug des Schiffes nah;
Ich wandt die Augen auf das Deck –
Ach, Christus! Was ich sah!

Die Leichen lagen leblos flach,
Und, beim Himmelreich!
Ein Mann ganz Licht, ein Seraph-Mann,
Stand über jeder Leich.

Der Seraph-Bund erhob die Hand,
O himmlisch schöne Sicht!
Als Zeichen zeigten sie zum Land,
Jeder ein lieblich Licht;

This seraph-band, each waved his hand,
No voice did they impart –
No voice; but oh! the silence sank
Like music on my heart.

But soon I heard the dash of oars,
I heard the Pilot's cheer;
My head was turned perforce away,
And I saw a boat appear.

The Pilot and the Pilot's boy,
I heard them coming fast:
Dear Lord in Heaven! it was a joy
The dead men could not blast.

I saw a third – I heard his voice:
It is the Hermit good!
He singeth loud his godly hymns
That he makes in the wood.
He'll shrieve my soul, he'll wash away
The Albatross's blood.

Part VII

The Hermit of the Wood,

This Hermit good lives in that wood
Which slopes down to the sea.
How loudly his sweet voice he rears!
He loves to talk with marineres
That come from a far countree.

Der Seraph-Bund erhob die Hand,
Und keine Stimm erklang –
Keine Stimm; doch ach! Das Schweigen sank
Ins Herz mir wie Gesang.

Doch bald vernahm ich Ruderschlag,
Den Lotsenruf vernahm;
Ich wandt mich ab, es tat nun Not,
Und sah, wie ein Boot ankam.

Der Lotse und des Lotsen Bub,
Ich hörte sie unweit:
O Herr im Himmel! welche Freud,
Zum Trotz der Toten Leid.

Einen dritten sah und hörte ich:
Es muss der Klausner sein!
Seine frommen Lieder singt er laut,
Die er dichtet in dem Hain.
Er wird die Seele mir vom Blut
Des Albatros' befreien.

Teil VII

Der Klausner aus dem Wald, Der gute Klausner lebt im Hain,
Der abfällt bis ans Meer.
Er ruft mit süßer Stimm erfreut,
Denn gern spricht er die Schiffersleut,
Die kommen von weit her.

He kneels at morn, and noon, and eve –
He hath a cushion plump:
It is the moss that wholly hides
The rotted old oak-stump.

The skiff-boat neared: I heard them talk,
"Why, this is strange, I trow!
Where are those lights so many and fair,
That signal made but now?"

<small>Approacheth the ship with wonder.</small>

"Strange, by my faith!" the Hermit said –
"And they answered not our cheer!
The planks looked warped! and see those sails,
How thin they are and sere!
I never saw aught like to them,
Unless perchance it were

Brown skeletons of leaves that lag
My forest-brook along;
When the ivy-tod is heavy with snow,
And the owlet whoops to the wolf below,
That eats the she-wolf's young."

"Dear Lord! it hath a fiendish look –
(The Pilot made reply)
I am a-feared" – "Push on, push on!"
Said the Hermit cheerily.

The boat came closer to the ship,
But I nor spake nor stirred;
The boat came close beneath the ship,
And straight a sound was heard.

Er kniet des Morgens, Mittags, Nachts –
Er hat ein Kissen weich:
Es ist das Moos, das ganz verbirgt
Den Stumpf der alten Eich.

Das Boot kam nah: Ich hörte sie,
»Nun, dies ist sonderbar!
Wo ist das schöne Lichtermeer,
Das grad noch Zeichen war?«

<small>Nähert sich dem Schiff verwundert.</small>

»Beim Himmel, ja!«, der Klausner sprach –
»Und Antwort gab es nicht!
Die Planken krumm! die Segel, sieh,
Wie dünn und wie verbleicht!
Nie sah ich etwas ähnliches,
Sei's höchstens denn vielleicht

Ein braunes Blattskelett, wie es
Entlang dem Waldbach hinkt;
Wenn die Efeusträucher sind verschneit,
Und wenn der Kauz den Wolf anschreit,
Der den eignen Wurf verschlingt.«

»O Herrgott! teuflisch sieht es aus –
(Der Lotse rief hernach)
Es ängstigt mich« – »Voran, voran!«
Der Klausner heiter sprach.

Das Boot kam näher an das Schiff,
Still blieb ich, sprach kein Wort;
Das Boot kam nah heran ans Schiff,
Und Lärm erscholl sofort.

The ship suddenly sinketh.

Under the water it rumbled on,
Still louder and more dread:
It reached the ship, it split the bay;
The ship went down like lead.

The ancient Mariner is saved in the Pilot's boat.

Stunned by that loud and dreadful sound,
Which sky and ocean smote,
Like one that hath been seven days drowned
My body lay afloat;
But swift as dreams, myself I found
Within the Pilot's boat.

Upon the whirl, where sank the ship,
The boat spun round and round;
And all was still, save that the hill
Was telling of the sound.

I moved my lips – the Pilot shrieked
And fell down in a fit;
The holy Hermit raised his eyes,
And prayed where he did sit.

I took the oars: the Pilot's boy,
Who now doth crazy go,
Laughed loud and long, and all the while
His eyes went to and fro.
"Ha! ha!" quoth he, "full plain I see,
The Devil knows how to row."

And now, all in my own countree,
I stood on the firm land!

| | Im Wasser kam er grollend laut
Das Schiff sinkt | Und grauenvoll herbei:
plötzlich. | Er traf das Schiff, zerbarst die Bucht;
| Das Schiff versank wie Blei.

| Vom Lärm, der Luft und Meer erreicht,
Der alte Seemann | Betäubt in meinem Sinn,
wird im Lotsenboot | Wie ein längst Ertrunkner aufgeweicht,
gerettet. | So trieb mein Körper hin;
| Doch fand ich mich dann traumhaft leicht
| Im Boot des Lotsen drin.

Im Wirbel des gesunknen Schiffs
Trieb rund das Boot und rund;
Still überall, gab nur der Hall
Am Berg vom Rauschen Kund.

Ich rührte mich – der Lotse fiel
Und schrie in Tollheit schrill;
Der fromme Klausner hob den Blick,
Und betete nur still.

Ich griff zum Ruder: und der Bub,
Heut in der Seele krank,
Der lachte laut und lang, dieweil
Sein Auge stieg und sank.
Er sprach »Ha! ha! Ich sehe klar
Den Teufel auf der Bank.«

Und nun, in meinem eignen Land,
Auf festem Grund zu gehn!

The Hermit stepped forth from the boat,
And scarcely he could stand.

The ancient Mariner earnestly entreateth the Hermit to shrieve him; and the penance of life falls on him.

"O shrieve me, shrieve me, holy man!"
The Hermit crossed his brow.
"Say quick", quoth he, "I bid thee say –
What manner of man art thou?"

Forthwith this frame of mine was wrenched
With a woful agony,
Which forced me to begin my tale;
And then it left me free.

And ever and anon throughout his future life an agony constraineth him to travel from land to land;

Since then, at an uncertain hour,
That agony returns:
And till my ghastly tale is told,
This heart within me burns.

I pass, like night, from land to land;
I have strange power of speech;
That moment that his face I see,
I know the man that must hear me:
To him my tale I teach.

What loud uproar bursts from that door!
The wedding-guests are there:
But in the garden-bower the bride
And bride-maids singing are:
And hark the little vesper bell,
Which biddeth me to prayer!

Der Klausner stieg zum Boot heraus,
Er konnte kaum noch stehn.

Der alte Seemann fleht den Klausner inständig an, ihm die Beichte abzunehmen; und es wird ihm die Buße des Lebens auferlegt.

»O sprich mich frei, du frommer Mann!«
Doch der bekreuzte sich.
»Was für ein Mensch bist du?«, frug er,
»Sag rasch, ich bitte dich.«

Sogleich ward mir der Leib verrenkt
Mit jämmerlicher Pein,
Die zum Erzählen mich antrieb;
Danach ließ sie mich sein.

Und während seines ganzen künftigen Lebens zwingt ihn von Zeit zu Zeit eine Pein, von Land zu Land zu ziehen;

Seit jener Zeit kehrt hie und da
Zu mir zurück der Schmerz:
Bis ich die Schauermär erzählt,
Brennt in mir dieses Herz.

Ich zieh, wie Nacht, von Land zu Land
Mit Sprachkraft sonderbar;
Wenn ich ihn sehe ohngefähr,
Kenn ich den Hörer meiner Mär:
Ihm bringe ich sie dar.

Die Hochzeitsgäste sind schon da,
Welch Lärm vom Tor her dringt!
Zur Gartenlaube singt die Braut,
Von Brautjungfern umringt;
Und horch, mich ruft es zum Gebet:
Die Abendglocke klingt!

O Wedding-Guest! this soul hath been
Alone on a wide wide sea:
So lonely 'twas, that God himself
Scarce seeméd there to be.

O sweeter than the marriage-feast,
'Tis sweeter far to me,
To walk together to the kirk
With a goodly company! –

To walk together to the kirk,
And all together pray,
While each to his great Father bends,
Old men, and babes, and loving friends
And youths and maidens gay!

And to teach, by his own example, love and reverence to all things that God made and loveth.

Farewell, farewell! but this I tell
To thee, thou Wedding-Guest!
He prayeth well, who loveth well
Both man and bird and beast.

He prayeth best, who loveth best
All things both great and small;
For the dear God who loveth us,
He made and loveth all.

The Mariner, whose eye is bright,
Whose beard with age is hoar,
Is gone: and now the Wedding-Guest
Turned from the bridegroom's door.

O Hochzeitsgast! auf weiter See
War diese Seel allein:
So einsam wars, dass sogar Gott
Kaum dorten schien zu sein.

O schöner als das Hochzeitsfest,
Viel schöner ist für mich,
In feinem Verein zum Gotteshaus
Zu gehn gemeinschaftlich!

Zum Beten in das Gotteshaus,
gemeinsam im Verein,
Wo jeder sich zum Vater neigt,
Die Jungfern, Jünglinge vergnügt,
Freund, Greis und Kindelein!

<small>Und an seinem eigenen Beispiel Liebe und Ehrfurcht zu lehren für alle Dinge, die Gott gemacht hat und liebt.</small>

Lebwohl, lebwohl! du Hochzeitsgast,
Doch dieses sag ich dir!
Es betet wohl, wer liebet wohl
Den Menschen wie das Tier.

Es betet recht, wer liebet recht,
Was groß ist und gering;
Denn der uns liebt, der liebe Gott,
Er schuf und liebt all Ding.

Der Seemann mit dem lichten Blick
Und grauem Bart und Haar
Ist fort: Nun mied der Hochzeitsgast
Das Tor zum Hochzeitspaar.

He went like one that hath been stunned,
And is of sense forlorn:
A sadder and a wiser man,
He rose the morrow morn.

Er ging wie einer schwer betäubt,
Der den Verstand verlor:
Betrübter – weiser fand er sich
Am nächsten Morgen vor.

Christabel

Part I

'Tis the middle of the night by the castle clock,
And the owls have awakened the crowing cock;
Tu – whit! — Tu – whoo!
And hark, again! the crowing cock,
How drowsily it crew.

Sir Leoline, the Baron rich,
Hath a toothless mastiff bitch;
From her kennel beneath the rock
She maketh answer to the clock,
Four for the quarters, and twelve for the hour;
Ever and aye, by shine and shower,
Sixteen short howls, not over loud;
Some say, she sees my lady's shroud.

Is the night chilly and dark?
The night is chilly, but not dark.
The thin gray cloud is spread on high,
It covers but not hides the sky.
The moon is behind, and at the full;
And yet she looks both small and dull.
The night is chill, the cloud is gray:

Christabel

Teil I

Die Burguhr meldet Mitternacht,
Die Eulen schreien, der Hahn erwacht;
Schu – itt! – Schu – huu!
Und horch, noch mal! der Hahn erwacht,
Kräht schläfrig durch die Ruh.

Der reiche Freiherr Leoline
Nennt eine greise Dogge sein;
Vom Zwinger her, in Fels gebaut,
Gibt sie zum Uhrenschlage Laut,
Für die Viertel vier, für die Stund zwölf Mal;
Allezeit, bei Schauer und Strahl,
Sechzehn Male heult sie jäh;
Als ob sie der Herrin Grabtuch säh.

Ist die Nacht kühl und schwarz?
Die Nacht ist kühl, jedoch nicht schwarz.
Die dünne graue Wolkenschicht
Bedeckt, doch verbirgt den Himmel nicht.
Der Mond steht zwar in vollem Rund,
Doch blass und klein im Hintergrund.
Die Nacht ist kühl, und fahl das Licht:

'Tis a month before the month of May,
And the Spring comes slowly up this way.

The lovely lady, Christabel,
Whom her father loves so well,
What makes her in the wood so late,
A furlong from the castle gate?
She had dreams all yesternight
Of her own betrothéd knight;
And she in the midnight wood will pray
For the weal of her lover that's far away.

She stole along, she nothing spoke,
The sighs she heaved were soft and low,
And naught was green upon the oak
But moss and rarest misletoe:
She kneels beneath the huge oak tree,
And in silence prayeth she.

The lady sprang up suddenly,
The lovely lady, Christabel!
It moaned as near, as near can be,
But what it is, she cannot tell. –
On the other side it seems to be,
Of the huge, broad-breasted, old oak tree.

The night is chill; the forest bare;
Is it the wind that moaneth bleak?
There is not wind enough in the air
To move away the ringlet curl
From the lovely lady's cheek –

Ein Monat vor dem Monat Mai,
Nur langsam kommt der Lenz herbei.

Die holde Herrin Christabel,
Des Vaters höchster Freude Quell,
Was bringt sie in den Wald zu der Zeit,
Vom Burgportal ein Furlong weit?
Träume hat ihr die letzte Nacht
Vom anverlobten Ritter gebracht;
Sie betet zur Mitternacht im Tann
Für ihren fernen geliebten Mann.

Als sie sich stumm von dannen stahl,
Da war ihr Seufzen feiner Hauch,
Und auf der Eiche war es kahl,
Nur Moos und seltne Mistel auch:
Sie geht beim großen Baum aufs Knie,
Und schweigend betet sie.

Da sprang sie auf, die Herrin, jäh,
Die holde Herrin Christabel!
Ein Stöhnen drang aus nächster Näh,
Doch sieht sie nichts, so sehr sie will. –
Von jenseits kommend schien es gleich
Vom starken Stamm der alten Eich.

Die Nacht ist kühl; der Wald ist kahl;
Macht wohl der Wind ein solch Gestöhn?
Nicht Winds genug ist hier einmal,
Um nur das Ringellöckchen fort
Von der holden Herrin Wange zu wehn –

There is not wind enough to twirl
The one red leaf, the last of its clan,
That dances as often as dance it can,
Hanging so light, and hanging so high,
On the topmost twig that looks up the sky.

Hush, beating heart of Christabel!
Jesu, Maria, shield her well!
She folded her arms beneath her oak,
And stole to the other side of the oak.
    What sees she there?

There she sees a damsel bright,
Drest in a silken robe of white
That shadowy in the moonlight shone:
The neck that made the white robe wan,
Her stately neck, and arms were bare;
Her blue-veined feet unsandal'd were,
And wildly glittered here and there
The gems entangled in her hair.
I guess, 'twas frightful there to see
A lady so richly clad as she –
Beautiful exceedingly!

Mary mother, save me now!
(Said Christabel,) And who art thou?

The lady strange made answer meet,
And her voice was faint and sweet: –
Have pity on my sore distress,
I scarce can speak for weariness:

Nicht Winds genug auch nur, um dort
Das allerletzte rote Blatt,
Das immer Lust zum Tanzen hat,
Zu wirbeln, das hoch oben hängt,
Am Zweig, der gegen Himmel drängt.

Still, hämmerndes Herz von Christabel!
Jesus, Maria seid zur Stell!
Sie kreuzte die Arme unter der Eich,
Und schlich zur anderen Seite der Eich.
    Was sieht sie da?

Da sieht sie eine strahlende Maid,
In einem weißen Seidenkleid,
Das schattenhaft im Mondlicht schien:
Der Hals – er ließ es fahl aussehn –
Ihr edler Hals, ihr Arm war bar;
Ihr Fuß blauadrig unbedeckt,
Und wild verflochten und versteckt
Erglänzte Schmuck in ihrem Haar.
Es musste dorten furchtbar sein,
Eine Frau zu sehn, gekleidet fein –
Von einer Schönheit ungemein!

Maria, Mutter, hilf mir schnell!
Und wer bist du? (sprach Christabel.)

Die fremde Frau zur Antwort sprach
Mit süßer Stimme, die ihr brach: –
Meiner schlimmen Not erbarme dich,
Ich kann kaum sprechen, matt bin ich:

Stretch forth thy hand, and have no fear!
Said Christabel, How camest thou here?
And the lady, whose voice was faint and sweet,
Did thus pursue her answer meet: –

My sire is of a noble line,
And my name is Geraldine:
Five warriors seized me yestermorn,
Me, even me, a maid forlorn:
They choked my cries with force and fright,
And tied me on a palfrey white.
The palfrey was as fleet as wind,
And they rode furiously behind.
They spurred amain, their steeds were white:
And once we crossed the shade of night.
As sure as Heaven shall rescue me,
I have no thought what men they be;
Nor do I know how long it is
(For I have lain entranced I wis)
Since one, the tallest of the five,
Took me from the palfrey's back,
A weary woman, scarce alive.
Some muttered words his comrades spoke:
He placed me underneath this oak;
He swore they would return with haste;
Whither they went I cannot tell –
I thought I heard, some minutes past,
Sounds as of a castle bell.
Stretch forth thy hand (thus ended she),
And help a wretched maid to flee.

Gib mir die Hand, und bange nicht mehr!
Sprach Christabel, Wie kamst hierher?
Mit süßer Stimme, die fast brach,
Die Frau erneut zur Antwort sprach: –

Mein Vater ist von hohem Stand,
Geraldine werd ich genannt:
Fünf Krieger schlugen gestern zu,
Packten mich Ärmste in der Früh:
Mein Schrei erstickt gar mit Gewalt,
Ward ich auf einen Zelter geschnallt.
Der Zelter weiß ist flink gerannt,
Sie ritten hinten wutentbrannt.
Die Schimmel machten nimmer Halt:
So querten wir das Dunkel bald.
So wahr der Himmel Gutes sinnt,
Ich weiß nicht, wer die Männer sind;
Noch weiß ich, wieviel Zeit verrann
(Ich lag gewiss in einem Bann),
Seit mich, ein Weib halbtot und matt,
Der größte Mann von diesen fünf
Vom Zelter losgebunden hat.
Die andern raunten ihm ein Wort:
Er legte mich an diesen Ort;
Er schwor, sie kehrten bald zurück;
Nun fehlt von ihnen jede Spur –
Mir schien vor einem Augenblick,
Ich hörte eine Festungsuhr.
Reiche mir deine Hand (schloss sie),
Und hilf mir Ärmster, dass ich flieh.

Then Christabel stretched forth her hand,
And comforted fair Geraldine:
O well, bright dame! may you command
The service of Sir Leoline;
And gladly our stout chivalry
Will he send forth and friends withal
To guide and guard you safe and free
Home to your noble father's hall.

She rose: and forth with steps they passed
That strove to be, and were not, fast.
Her gracious stars the lady blest,
And thus spake on sweet Christabel:
All our household are at rest,
The hall as silent as the cell;
Sir Leoline is weak in health,
And may not well awakened be,
But we will move as if in stealth,
And I beseech your courtesy,
This night to share your couch with me.

They crossed the moat, and Christabel
Took the key that fitted well;
A little door she opened straight,
All in the middle of the gate;
The gate that was ironed within and without,
Where an army in battle array had marched out.
The lady sank, belike through pain,
And Christabel with might and main
Lifted her up, a weary weight,

Christabel gab die Hand geschwind
Und tröstend sprach zu Geraldine:
Euch, schöne Frau! Zu Diensten sind
Die Männer von Sir Leoline;
Und unsere starke Reiterei
Und Freunde schickt er gerne aus,
Euch sicher heimzuführn und frei
Zu Eures edlen Vaters Haus.

Da stand sie auf: Entlang dem Weg
Schritten sie eilends und doch träg.
Die Dame pries der Sterne Gunst,
Die sanfte Christabel sprach dies:
Außer mir wacht niemand sonst,
Der Saal ist still wie ein Verlies;
Sir Leoline ist krank und schwach,
Wir schleichen in das Schloss hinein,
Denn besser ist, er wird nicht wach.
Auch bitt ich Euch, so gut zu sein:
Teilt heut mein Bett mit mir zu Zweien.

Sie querten den Graben, und Christabel
Griff zum rechten Schlüssel schnell;
Sie ging zum kleinen Türchen vor,
Ganz in der Mitte von dem Tor;
Durchs Tor, beidseitig schwer armiert,
War ein Heer in Schlachtmontur marschiert.
Die Frau sank hin, vielleicht vor Qual,
Und Christabel, mit viel Mühsal,
Hob die träge Last empor,

Over the threshold of the gate:
Then the lady rose again,
And moved, as she were not in pain.

So free from danger, free from fear,
They crossed the court: right glad they were.
And Christabel devoutly cried
To the lady by her side,
Praise we the Virgin all divine
Who hath rescued thee from thy distress!
Alas, alas! said Geraldine,
I cannot speak for weariness.
So free from danger, free from fear,
They crossed the court: right glad they were.

Outside her kennel, the mastiff old
Lay fast asleep, in moonshine cold.
The mastiff old did not awake,
Yet she an angry moan did make!
And what can ail the mastiff bitch?
Never till now she uttered yell
Beneath the eye of Christabel.
Perhaps it is the owlet's scritch:
For what can ail the mastiff bitch?

They passed the hall, that echoes still,
Pass as lightly as you will!
The brands were flat, the brands were dying,
Amid their own white ashes lying;
But when the lady passed, there came

Über die Schwelle von dem Tor:
Darauf erstand die Frau aufs Mal,
Und schritt, als litt sie keine Qual.

Von Furcht und Fährnis frei also,
Durchquerten sie den Hof heilfroh.
Und Christabel inbrünstig rief
Zur Dame, die daneben lief,
Preisen wir die Jungfrau rein,
Die dich aus deiner Not befreit!
Ach, ach!, sprach nur mehr Geraldine,
Mir fehlt die Sprach vor Müdigkeit.
Von Furcht und Fährnis frei also,
Durchschritten sie den Hof heilfroh.

Beim Zwinger lag die Dogge alt
In tiefem Schlaf, bei Mondschein kalt.
Die Dogge alt ist nicht erwacht,
Doch winselte sie aufgebracht!
Und was bringt wohl der Dogge Pein?
Man hört von ihr sonst nie Gebell
Unter dem Auge von Christabel.
Es könnt der Schrei der Eule sein:
Denn was bringt wohl der Dogge Pein?

Sie traten in den Saal; der Schritt
Hallt nach, so sachte man auch tritt.
Die Fackeln waren fast erstorben,
In Asche lagen sie verdorben.
Doch als die Dame kam, ward schnell

A tongue of light, a fit of flame;
And Christabel saw the lady's eye,
And nothing else saw she thereby,
Save the boss of the shield of Sir Leoline tall,
Which hung in a murky old niche in the wall.
O softly tread, said Christabel,
My father seldom sleepeth well.

Sweet Christabel her feet doth bare,
And jealous of the listening air
They steal their way from stair to stair,
Now in glimmer, and now in gloom,
And now they pass the Baron's room,
As still as death, with stifled breath!
And now have reached her chamber door;
And now doth Geraldine press down
The rushes of the chamber floor.

The moon shines dim in the open air,
And not a moonbeam enters here.
But they without its light can see
The chamber carved so curiously,
Carved with figures strange and sweet,
All made out of the carver's brain,
For a lady's chamber meet:
The lamp with twofold silver chain
Is fastened to an angel's feet.

The silver lamp burns dead and dim;
But Christabel the lamp will trim.

Entflammt ein Feuerzünglein hell;
Und Christabel sah der Dame Gesicht,
Und andres sah sie dabei nicht,
Nur in einer finstren Nische eins:
Den Schildbuckel Sir Leolines.
Tritt leis, bat sie, sei auf der Hut,
Mein Vater schläft nur selten gut.

Sie hat die Füße frei gemacht;
Und auf die horchende Luft bedacht
Schleichen sie durch die Gänge sacht,
Bald im Finster, bald im Schein,
Vorbei am Raum von Leoline,
In Totenruh, die Kehlen zu!
Bei ihrer Tür sind sie hernach;
Und Geraldine betritt alsbald
Die Binsen von dem Schlafgemach.

Trüb ist im Freien der Mondenschein,
Und nicht ein Strahl dringt hier herein.
Auch ohne ihn sind sie gewahr
Der Kammer Schnitzwerk wunderbar,
Geschnitzt zu Formen fremd und schön,
All in des Schnitzers Hirn erdacht
Dem Frauengemach gut anzustehen:
Mit Silberketten festgemacht
Hängt der Leuchter an Engelszehen.

Die Lampe tot und trübe glimmt,
Bis Christabel die Lampe trimmt.

She trimmed the lamp, and made it bright,
And left it swinging to and fro,
While Geraldine, in wretched plight,
Sank down upon the floor below.

O weary lady, Geraldine,
I pray you, drink this cordial wine!
It is a wine of virtuous powers;
My mother made it of wild flowers.

And will your mother pity me,
Who am a maiden most forlorn?
Christabel answered – Woe is me!
She died the hour that I was born.
I have heard the grey-haired friar tell
How on her death-bed she did say,
That she should hear the castle-bell
Strike twelve upon my wedding-day.
O mother dear! that thou wert here!
I would, said Geraldine, she were!

But soon with altered voice, said she –
"Off, wandering mother! Peak and pine!
I have power to bid thee flee."
Alas! what ails poor Geraldine?
Why stares she with unsettled eye?
Can she the bodiless dead espy?
And why with hollow voice cries she,
"Off, woman, off! this hour is mine –
Though thou her guardian spirit be,
Off, woman, off! 'tis given to me."

Sie trimmte sie zu hellem Schein.
Die Lampe schwang in wildem Spiel,
Derweil die Dame Geraldine
In schlimmer Not zu Boden fiel.

O matte Dame Geraldine,
Ich bitt euch, trinkt den Kräuterwein!
Es ist ein Wein von edler Kraft;
Von Mutters Hand aus Blütensaft.

Hat Eure Mutter Mitleid mit mir,
Mit einer Jungfrau so verloren?
Christabel sprach, Oh Weh ist mir!
Sie starb zur Stund, da ich geboren.
Der Mönch erzählte einst, sie hätt
Gesagt auf ihrem Sterbebett,
Sie höre dann den Turmuhrschlag
Um zwölf an meinem Hochzeitstag.
Oh liebe Mutter! Wärst du hier!
Sprach Geraldine, ich wünscht es mir!

Doch bald mit andrer Stimm sprach sie,
»Weg, Mutter, weg, zu Gram und Pein!
Beug dich meiner Macht und flieh.«
Ach, was peinigt Geraldine?
Was starrt ihr Auge so unstet?
Ob sie der Toten Geist erspäht?
Warum nur ruft so düster sie,
»Weg, Weib, weg! die Stund ist mein –
Und magst du auch ihr Schutzgeist sein,
Weg, Weib, weg! ganz mein ist sie.«

Then Christabel knelt by the lady's side,
And raised to heaven her eyes so blue –
Alas! said she, this ghastly ride –
Dear lady! it hath wildered you!
The lady wiped her moist cold brow,
And faintly said, "'tis over now!"

Again the wild-flower wine she drank:
Her fair large eyes 'gan glitter bright,
And from the floor whereon she sank,
The lofty lady stood upright:
She was most beautiful to see,
Like a lady of a far countrée.

And thus the lofty lady spake –
"All they who live in the upper sky,
Do love you, holy Christabel!
And you love them, and for their sake
And for the good which me befel,
Even I in my degree will try,
Fair maiden, to requite you well.
But now unrobe yourself; for I
Must pray, ere yet in bed I lie."

Quoth Christabel, So let it be!
And as the lady bade, did she.
Her gentle limbs did she undress,
And lay down in her loveliness.

But through her brain of weal and woe
So many thoughts move to and fro,

Christabel zur Dame trat,
Hob kniend zum Himmel die Augen blau,
Und sagte, Ach! die schlimme Tat
Hat Euch verwirrt, verehrte Frau!
Die rieb die Stirne kalt und nass,
»Jetzt ist's vorüber!«, sprach sie blass.

Sie nahm noch mal vom Wein zu sich:
Ihr großes Auge glänzte blank,
Da stand die Dame adiglich
Vom Boden auf gerad und rank.
Sie schien, da sie in Schönheit stand,
Wie eine Frau aus fernem Land.

Die edle Dame also sprach:
»Geliebt wird Eure Heiligkeit
Von jedem, der im Himmel ruht,
Und ihr liebt jene; für sie sonach
Und für das Wohl, das Ihr mir tut,
Will ich auch suchen, schöne Maid,
Euch zu lohnen recht und gut.
Doch leget ab nun Euer Kleid;
Ich bete vor dem Bett allzeit.‹

Sprach Christabel, So sei nun dies!
Und tat, wie ihr die Dame hieß.
Vom zarten Körper glitt ihr Kleid;
Sie lag in aller Lieblichkeit.

Doch so vieles leicht und schwer
Schoss im Hirn ihr hin und her,

That vain it were her lids to close;
So half-way from the bed she rose,
And on her elbow did recline
To look at the lady Geraldine.

Beneath the lamp the lady bowed,
And slowly rolled her eyes around;
Then drawing in her breath aloud,
Like one that shuddered, she unbound
The cincture from beneath her breast:
Her silken robe, and inner vest,
Dropt to her feet, and full in view,
Behold! her bosom and half her side —
A sight to dream of, not to tell!
O shield her! shield sweet Christabel!

Yet Geraldine nor speaks nor stirs;
Ah! what a stricken look was hers!
Deep from within she seems half-way
To lift some weight with sick assay,
And eyes the maid and seeks delay;
Then suddenly, as one defied,
Collects herself in scorn and pride,
And lay down by the Maiden's side! –
And in her arms the maid she took,
    A wel-a-day!
And with low voice and doleful look
These words did say:
"In the touch of this bosom there worketh a spell,
Which is lord of thy utterance, Christabel!

Dass sie noch keine Ruhe fand;
So hob sie sich ein kleines Stück,
Und warf, den Kopf in ihrer Hand,
Auf Lady Geraldine den Blick.

Sie bückte sich im Lampenschein,
Und schweifte mit dem Blick um sich;
Dann sog sie laut den Atem ein,
Als ob durch sie ein Schauder schlich,
Und löste von der Brust das Band:
Das Seidenkleid, das Untergewand,
Fielen zu Füßen; ganz zu sehn,
Sieh an! die Brust, der halbe Leib –
Ein Bild zum Träumen, unsagbar!
Oh banne Christabels Gefahr!

Doch Geraldine erstarrt und schweigt;
Ach! welch geplagten Blick sie zeigt!
Tief in ihr drin scheint's irgendwie,
Dass eine Last die Kraft übersteigt;
Das Mädchen äugend zögert sie.
Dann plötzlich, wie als Gegnerin,
Fasst sie sich mit stolzem Sinn,
Und legte sich zur Jungfer hin! –
Und in den Arm das Mädchen nahm,
    Ach weh, ach nein!
Die Stimme leis, den Blick voll Gram,
Sprach Geraldine:
»Im Berührn dieses Busens wirkt ein Bann,
Der Christabels Sprechen knechten kann!

Though knowest to-night, and wilt know to-morrow,
This mark of my shame, this seal of my sorrow;
    But vainly thou warrest,
      For this is alone in
    Thy power to declare,
      That in the dim forest
    Thou heard'st a low moaning,
And found'st a bright lady, surpassingly fair;
And didst bring her home with thee in love and in charity,
To shield her and shelter her from the damp air."

The Conclusion to Part I

It was a lovely sight to see
The lady Christabel, when she
Was praying at the old oak tree.
    Amid the jaggéd shadows
    Of mossy leafless boughs,
    Kneeling in the moonlight,
    To make her gentle vows;
Her slender palms together prest,
Heaving sometimes on her breast;
Her face resigned to bliss or bale –
Her face, oh call it fair not pale,
And both blue eyes more bright than clear,
Each about to have a tear.

With open eyes (ah woe is me!)
Asleep, and dreaming fearfully,
Fearfully dreaming, yet, I wis,

Du kennst es heut Nacht, du kennst es morgen,
Dies Mal meiner Schande, dies Siegel von Sorgen;
   Umsonst wirst du ringen,
      Denn du kannst alleine
   Vom leisen Gestöhn
      Bericht überbringen,
   Vom Wald, wo du eine
Dame fandest, strahlend schön;
Und mit dir nahmst hierhin in wohltätigem Sinn,
Zum Schild und zum Schutz vor Regen und Böen.«

Der Schluss von Teil I

Es war zu schauen wonniglich,
Wie Christabel, die Dame, sich
Zum Beten an die Eiche schlich.
   In den gezackten Schatten
   Der Äste kahl und schlicht
   Zu tun die leisen Schwüre
   Auf Knien im Mondenlicht;
Gefaltet fest die Hände schmal,
Gehoben von der Brust manchmal;
Und ihr Gesicht gefügt dem Los –
Ach, nennt es hell, nicht farbenlos,
Die Augen glänzend eher denn klar:
Tränen stehn in dem blauen Paar.

Schlafend, doch mit offnem Lid,
Und träumend bang (ach, Gott verbiet!),
Bange träumend, doch allein

Dreaming that alone, which is –
O sorrow and shame! Can this be she,
The lady, who knelt at the old oak tree?
And lo! the worker of these harms,
That holds the maiden in her arms,
Seems to slumber still and mild,
As a mother with her child.

A star hath set, a star hath risen,
O Geraldine! since arms of thine
Have been the lovely lady's prison.
O Geraldine! one hour was thine –
Thou'st had thy will! By tairn and rill,
The night-birds all that hour were still.
But now they are jubilant anew,
From cliff and tower, tu – whoo! tu – whoo!
Tu – whoo! tu – whoo! from the wood and fell!

And see! the lady Christabel
Gathers herself from out her trance;
Her limbs relax, her countenance
Grows sad and soft; the smooth thin lids
Close o'er her eyes; and tears she sheds –
Large tears that leave the lashes bright!
And oft the while she seems to smile
As infants at a sudden light!

Yea, she doth smile, and she doth weep,
Like a youthful hermitess,
Beauteous in a wilderness,

Gewisslich träumend wahres Sein:
O Schmerz und Schand! Ist das die gleiche,
Die Frau, die kniete bei der Eiche?
Und seht! Die Ursach von dem Harm,
Sie hält die Jungfer fest im Arm,
Und scheint zu schlummern mildgesinnt,
Wie eine Mutter mit ihrem Kind.

Ein Stern verging, ein andrer kam,
Seitdem dein Arm, o Geraldine!
Die holde Frau gefangen nahm.
Eine Stund war dein, o Geraldine!
Dein Wunsch erfüllt! Die Vögel der Nacht
Haben die Stunde still verbracht.
Doch jetzt jubiliert es immerzu,
Von Fels und Turm, schu – huu! schu – huu!
Schu – huu! schu – huu! von Berg und Tann!

Die Dame Christabel, schau an!
Sie sammelt sich aus ihrer Trance;
Der Leib entspannt, die Contenance
Wird trüb und sanft; übers Auge zieht
Ihr glattes, dünnes Augenlid;
Die Wimpern glänzen hell: Sie weint!
Und lächelt doch zuweilen noch,
Wie Kinder, wenn ein Licht aufscheint!

Sie lächelt und sie weint, fürwahr,
Wie eine Klausnerin, bildschön
In einer Wüstenei zu sehn,

Who, praying always, prays in sleep.
And, if she move unquietly,
Perchance, 'tis but the blood so free
Comes back and tingles at her feet.
No doubt, she hath a vision sweet.
What if her guardian spirit 'twere,
What if she knew her mother near?
But this she knows, in joys and woes,
That saints will aid if men will call:
For the blue sky bends over all!

Part II

Each matin bell, the Baron saith,
Knells us back to a world of death.
These words Sir Leoline first said,
When he rose and found his lady dead:
These words Sir Leoline will say
Many a morn to his dying day!

And hence the custom and law began
That still at dawn the sacristan,
Who duly pulls the heavy bell,
Five and forty beads must tell
Between each stroke – a warning knell,
Which not a soul can choose but hear
From Bratha Head to Wyndermere.

Saith Bracy the bard, So let it knell!
And let the drowsy sacristan,

Die betet stets, im Schlafe gar.
Und wenn sie sich ruhlos bewegt,
Ists wohl das Blut, das sich nun regt
Und prickelnd ihren Fuß einnimmt.
Eine Vision hat sie bestimmt.
Was, wenn sie ihren Schutzgeist säh,
Und spürte ihrer Mutter Näh?
Eins weiß ihr Herz, in Glück wie Schmerz:
Wer die Heiligen ruft, der Hilf erhält,
Denn alle schirmt das Himmelszelt!

Teil II

Das Frühgeläut, sprach der Baron,
Schlägt uns stets den Totenton.
So sprach er, als er einst aufstand,
Und seine Dame tot vorfand:
'S wird jeden Tag zu hören sein
Bis zum Tod von Leoline!

Von daher ward es Brauch und Pflicht,
Dass der Küster, noch bei Dämmerlicht,
Der pünktlich zieht am Glockenstrang,
Verricht ein Rosenkranzgebet
Nach jedem Schlag – ein Mahneklang,
Dem keine Menschenseel entgeht
Von Wyndermere bis Bratha Head.

Der Barde Bracy sprach: So schellt!
Und lasst den Küster Schlag für Schlag

Still count as slowly as he can!
There is no lack of such, I ween,
As well fill up the space between.
In Langdale Pike and Witch's Lair,
And Dungeon-ghyll so foully rent,
With ropes of rock and bells of air
Three sinful sextons' ghosts are pent,
Who all give back, one after t'other,
The death-note to their living brother;
And oft too, by the knell offended,
Just as their one! two! three! is ended,
The devil mocks the doleful tale
With a merry peal from Borodale.

The air is still! through mist and cloud
That merry peal comes ringing loud;
And Geraldine shakes off her dread,
And rises lightly from her bed;
Puts on her silken vestments white,
And tricks her hair in lovely plight,
And nothing doubting of her spell
Awakens the lady Christabel.
"Sleep you, sweet lady Christabel?
I trust that you have rested well."

And Christabel awoke and spied
The same who lay down by her side –
O rather say, the same whom she
Raised up beneath the old oak tree!
Nay, fairer yet! and yet more fair!

So langsam beten, wie er mag!
Es fehlt, mein ich, an solchen kaum,
Die füllen allen Zwischenraum.
In Langdale Pike und Witch's Lair,
Und Dungeon-ghyll zerklüftet sehr,
Stecken mit Felsgeläut gepresst
Drei sündige Küstergeister fest,
Die nach der Reih das Totenklingen
Zurück zum lebenden Bruder bringen;
Und oft auch, von dem Schall verdrossen,
Kaum ist ihr eins! zwei! drei! beschlossen,
Verhöhnt der Teufel ihre Klag
Aus Borodale mit frohem Schlag.

Durch Dunst und Wolken – alls ist still! –
Dringt die frohe Glocke schrill.
Vom Bett erhebt sich Geraldine
Und lässt jetzt alles Zagen sein;
Sie schlüpft ins weiße Seidenkleid
Und flicht ihr Haar in Lieblichkeit.
Gewiss, dass ihr Bannspruch Wirkung tut,
Weckt sie die Dame Christabel.
»Schlaft Ihr, Dame Christabel?
Ich hoffe, Ihr habt gut geruht.«

Christabel wachte und ward gewahr
Der Frau, die mit ihr im Bette war –
Vielmehr, der Frau, der sie zuvor
Bei der alten Eiche half empor!
Ja, schöner noch! und schöner gar!

For she belike hath drunken deep
Of all the blessedness of sleep!
And while she spake, her looks, her air
Such gentle thankfulness declare,
That (so it seemed) her girded vests
Grew tight beneath her heaving breasts.
"Sure I have sinn'd!" said Christabel,
"Now heaven be praised if all be well!"
And in low faltering tones, yet sweet,
Did she the lofty lady greet
With such perplexity of mind
As dreams too lively leave behind.

So quickly she rose, and quickly arrayed
Her maiden limbs, and having prayed
That He, who on the cross did groan,
Might wash away her sins unknown,
She forthwith led fair Geraldine
To meet her sire, Sir Leoline.

The lovely maid and the lady tall
Are pacing both into the hall,
And pacing on through page and groom,
Enter the Baron's presence-room.

The baron rose, and while he prest
His gentle daughter to his breast,
With cheerful wonder in his eyes
The lady Geraldine espies,
And gave such welcome to the same,
As might beseem so bright a dame!

Denn wohl hat sie sich alldieweil
Gelabet an des Schlafes Heil!
Und ihre Miene machte klar,
Wie voller Dankbarkeit sie war,
Dass (wie es schien) ihr Schnürgewand
Am wogenden Busen ward gespannt.
Christabel sprach, »Es war Sünd, ich weiß!
Wenns gut ausgeht, sei dem Himmel Preis!«
Mit süßer Stimm, doch leis und zag,
Entbot der Frau sie guten Tag
Mit solcher Wirrnis im Gemüt,
Wie in lebhaften Träumen blüht.

Rasch stand sie auf und zog sich an,
Und betete zu Ihm sodann,
Dass Er, der sich am Kreuze wand,
Wegwasch die Sünden unbekannt,
Und nahm die schöne Geraldine
Zu ihrem Vater Leoline.

Mädchen und Dame langen dann
Zusammen bei dem Saale an,
Schreiten vorbei an Knecht und Gesind,
Bis sie im Raum des Freiherrn sind.

Der Freiherr kam und nahm entzückt,
Als er die Tochter an sich drückt,
Mit frohem Staunen Augenschein
Von Edeldame Geraldine,
Und hieß willkommen seinen Gast,
So wie's bei einer Dame passt!

But when he heard the lady's tale,
And when she told her father's name,
Why waxed Sir Leoline so pale,
Murmuring o'er the name again,
Lord Roland de Vaux of Tryermaine?

Alas! they had been friends in youth;
But whispering tongues can poison truth;
And constancy lives in realms above;
And life is thorny; and youth is vain;
And to be wroth with one we love
Doth work like madness in the brain.
And thus it chanced, as I divine,
With Roland and Sir Leoline.
Each spake words of high disdain
And insult to his heart's best brother:
They parted – ne'er to meet again!
But never either found another
To free the hollow heart from paining –
They stood aloof, the scars remaining,
Like cliffs which had been rent asunder;
A dreary sea now flows between; –
But neither heat, nor frost, nor thunder,
Shall wholly do away, I ween,
The marks of that which once hath been.

Sir Leoline, a moment's space,
Stood gazing on the damsel's face:
And the youthful Lord of Tryermaine
Came back upon his heart again.

Doch als er die Geschicht erfuhr,
Und hörte, wie ihr Vater hieß,
Warum erblasste Leoline nur,
Warum sprach er in sich hinein,
Lord Roland de Vaux von Tryermaine?

Ach! Freunde waren sie einmal;
Doch Flüsterzungen sind fatal;
Nur im Himmel währt Beständigkeit;
Die eitle Welt ist stachelicht;
Der Zorn, der uns vom Freund entzweit,
Wirkt wie ein Wahn, der im Hirn ausbricht.
Ich denk, so wird's gewesen sein,
Bei Roland und Sir Leoline.
Ins Herzensbruders Angesicht
Sprach jeder Worte, die verwunden,
Und ging – sie sahn sich seither nicht!
Doch keiner hat Ersatz gefunden,
Den Schmerz vom hohlen Herz zu treiben –
Sie warn entfernt, doch Narben bleiben,
So wie ein Fels entzwei gefallen;
Dazwischen fließt ein düstres Meer; –
Doch Hitze, Frost und Donnerknallen
Werden die Male von einsther,
Mein ich, ganz tilgen nimmermehr.

Da sah Sir Leoline genau
In das Gesicht der jungen Frau:
Und der junge Lord von Tryermaine
Fand wieder in sein Herz hinein.

O then the Baron forgot his age,
His noble heart swelled high with rage;
He swore by the wounds in Jesu's side
He would proclaim it far and wide
With trump and solemn heraldry,
That they, who thus had wronged the dame,
Were base as spotted infamy!
"And if they dare deny the same,
My herald shall appoint a week,
And let the recreant traitors seek
My tourney court – that there and then
I may dislodge their reptile souls
From the bodies and forms of men!"
He spake: his eye in lightning rolls!
For the lady was ruthlessly seized; and he kenned
In the beautiful lady the child of his friend!

And now the tears were on his face,
And fondly in his arms he took
Fair Geraldine, who met the embrace,
Prolonging it with joyous look.
Which when she viewed, a vision fell
Upon the soul of Christabel,
The vision of fear, the touch and pain!
She shrunk and shuddered, and saw again –
(Ah, woe is me! Was it for thee,
Thou gentle maid! such sights to see?)

Again she saw that bosom old,
Again she felt that bosom cold,

Ach, er vergaß der Zeiten Lauf,
Sein edles Herz fuhr zornig auf;
Er schwor bei Jesu Blut den Eid,
Er würd verkünden weit und breit
Gar mit Fanfaren und Heroldsruf,
Dem Pack, das Unrecht tat der Frau,
Gebühre schändlichster Verruf!
»Und wenn es dies zu leugnen trau,
Bestimmt mein Herold eine Zeit
Dem feigen Pack zu stehn bereit
Auf dem Turnierhof – dass ich dann
Ihre Schlangenseelen aus dem Sitz
Der Menschgestalt entfernen kann!«
Er sprachs, sein Aug ein rollnder Blitz!
Denn ruchlos ward die Frau übermannt,
Die er als des Freundes Kind erkannt!

Ihm standen Tränen im Gesicht,
Er zog die schöne Geraldine
Zärtlich an sich; sie wehrte ihm nicht
Und ließ es froh geschehen sein.
In Christabels Gemüt entstand,
Als sie die beiden also fand,
Ein Bild von Angst, Gespür und Qual!
In Schauder und Schreck sah sie nochmal –
(Ach, holdes Mädchen, Weh ist mir!
Oblag derlei zu sehen dir?)

Sie sah erneut den Busen alt,
Sie fühlte erneut den Busen kalt,

And drew in her breath with a hissing sound:
Whereat the Knight turned wildly round,
And nothing saw, but his own sweet maid
With eyes upraised, as one that prayed.

The touch, the sight, had passed away,
And in its stead that vision blest,
Which comforted her after-rest
While in the lady's arms she lay,
Had put a rapture in her breast,
And on her lips and o'er her eyes
Spread smiles like light!
             With new surprise,
"What ails then my belovéd child?"
The Baron said – His daughter mild
Made answer, "All will yet be well!"
I ween, she had no power to tell
Aught else: so mighty was the spell.

Yet he, who saw this Geraldine,
Had deemed her sure a thing divine:
Such sorrow with such grace she blended,
As if she feared she had offended
Sweet Christabel, that gentle maid!
And with such lowly tones she prayed
She might be sent without delay
Home to her father's mansion.
                    "Nay!
Nay, by my soul!" said Leoline.
"Ho! Bracy, the bard, the charge be thine!

Sie sog den Atem zischend ein:
Da wandte sich Sir Leoline,
Doch hat er nur sein Kind erblickt,
Das im Gebete schien entrückt.

Gewichen war die schlimme Schau,
Stattdessen hat ihr die Vision,
Die Trost ihr gab am Morgen schon,
Während sie lag im Arm der Frau,
Verzückung in der Brust entfacht;
Und über Mund und Augen bracht
Ein Lächeln Licht!
    Frug der Baron
Erstaunt, »Was wohl mein Kind so plagt?«
Zur Antwort ward ihm nur gesagt,
»Alles wird gut sein, irgendwann!«
Und ich vermut, sie kam nicht an
Gegen den starken Zauberbann.

Doch wer auch sah Frau Geraldine,
Der dacht, sie müsste göttlich sein:
Sie mischte Harm mit Huldgehabe,
Als ob sie fürchtete, sie habe
Die süße Christabel vergrämt!
Und bat mit leiser Stimm verschämt,
Sie mög sogleich geleitet sein
Heimwärts zu Vaters Schloss.
     »Nein, nein!«,
Sprach Leoline, »bei meiner Seel!
He! Barde Bracy, fass Befehl!

Go thou, with music sweet and loud,
And take two steeds with trappings proud,
And take the youth whom thou lov'st best
To bear thy harp, and learn thy song,
And clothe you both in solemn vest,
And over the mountains haste along,
Lest wandering folk, that are abroad,
Detain you on the valley road.

And when he has crossed the Irthing flood,
My merry bard! he hastes, he hastes
Up Knorren Moor, through Halegarth Wood,
And reaches soon that castle good
Which stands and threatens Scotland's wastes.

Bard Bracy! bard Bracy! your horses are fleet,
Ye must ride up the hall, your music so sweet,
More loud than your horses' echoing feet!
And loud and loud to Lord Roland call,
Thy daughter is safe in Langdale hall!
Thy beautiful daughter is safe and free –
Sir Leoline greets thee thus through me!
He bids thee come without delay
With all thy numerous array
And take thy lovely daughter home:
And he will meet thee on the way
With all his numerous array
White with their panting palfreys' foam:
And, by mine honour! I will say,
That I repent me of the day

Zieh los, und sing mit aller Macht,
Und nimm zwei Ross in voller Pracht,
Und nimm den liebsten jungen Mann:
Er trag die Harfe und lern dein Lied,
Und legt ihr zwei ein Festkleid an,
Und zügig durch die Berge zieht,
Damit kein fahrndes Volk diesmal
Euch hindre auf dem Weg im Tal.

Und quert er erst des Irthings Flut,
Dann eilt mein froher Bard und geht
Durch Knorren Moor und Halegarth Wood,
Und langt alsbald ans Rittergut,
Das drohend an Schottlands Öde steht.

Barde Bracy! Reitet entlang
Dem Herrenhaus, mit süßem Sang,
Lauter als eurer Hufe Klang!
Und ruft zu Roland, ruft zum Lord,
Deine Tochter ist an sicherem Ort,
In Langdale Hall, beschützt und frei –
Sir Leolines Gruß entboten sei!
Er bittet dich: Zieh los sogleich
Mit allem Prunk aus deinem Reich,
Heimzuführen dein schönes Kind:
Dass er dich unterwegs erreich
Mit allem Prunk aus seinem Reich,
Zeltern, die weiß vom Schaume sind:
Dann sag ich ihm, bei meiner Ehr!
Es reut mich jene Stunde schwer,

When I spake words of fierce disdain
To Roland de Vaux of Tryermaine! –
– For since that evil hour that flown,
Many a summer's sun hath shone;
Yet ne'er found I a friend again
Like Roland de Vaux of Tryermaine."

The lady fell, and clasped his knees,
Her face upraised, her eyes o'erflowing;
And Bracy replied, with faltering voice,
His gracious Hail on all bestowing! –
"Thy words, thou sire of Christabel,
Are sweeter than my harp can tell;
Yet might I gain a boon of thee,
This day my journey should not be,
So strange a dream hath come to me,
That I had vowed with music loud
To clear yon wood from thing unblest,
Warned by a vision in my rest!
For in my sleep I saw that dove,
That gentle bird, whom thou dost love,
And call'st by thy own daughter's name –
Sir Leoline! I saw the same
Fluttering, and uttering fearful moan,
Among the green herbs in the forest alone.
Which when I saw and when I heard,
I wonder'd what might ail the bird;
For nothing near it could I see,
Save the grass and green herbs underneath the old tree.

In der ich wüst und schändlich sprach
Mit Roland de Vaux von Tryermaine! –
– Denn seit die böse Stund zerronnen,
Habe ich niemals mehr gewonnen
Einen solchen Freund danach
Wie Roland de Vaux von Tryermaine!«

Die Frau sah tränenüberströmt
Empor, und fiel ihm vor die Füße;
Und Bracy sprach mit zager Stimm,
Entbietend allen hehre Grüße! –
»Deine Rede, edler Mann,
Ist schöner als ich spielen kann.
Um eine Gunst bitt ich allein:
Es mög die Fahrt nicht heute sein,
Solch schlimmer Traum gab sich mir ein,
Dass mir der Schwur lautstark entfuhr,
Den Fluch zu räumen aus dem Wald,
Gewarnt von einer Traumgestalt!
Das Täubchen sah ich, als ich schlief,
Das sanfte Tier geliebt so tief
Und nach dem Kind benannt von dir –
Sir Leoline! Ich sah das Tier,
Flatternd und gurrend arg verschreckt,
Allein im Unterholz versteckt.
Als ich dies hörte und dies sah,
Frug ich mich, wie dem Tier geschah;
Denn nichts sah ich in meinem Traum,
Als Gras und Grün beim alten Baum.

"And in my dream methought I went
To search out what might there be found;
And what the sweet bird's trouble meant,
That thus lay fluttering on the ground.
I went and peered, and could descry
No cause for her distressful cry;
But yet for her dear lady's sake
I stooped, methought, the dove to take,
When lo! I saw a bright green snake
Coiled around its wings and neck.
Green as the herbs on which it couched,
Close by the dove's its head it crouched;
And with the dove it heaves and stirs,
Swelling its neck as she swelled hers!
I woke; it was the midnight hour,
The clock was echoing in the tower;
But though my slumber was gone by,
This dream it would not pass away –
It seems to live upon my eye!
And thence I vowed this self-same day
With music strong and saintly song
To wander through the forest bare,
Lest aught unholy loiter there."

Thus Bracy said: the Baron, the while,
Half-listening heard him with a smile;
Then turned to Lady Geraldine,
His eyes made up of wonder and love;
And said in courtly accents fine,

»Und ich ging hin, so träumte mir,
Zu forschen, was sich dort zutrug;
Was plagen mocht das liebe Tier,
Das so am Boden um sich schlug.
Ich ging und sah, und nahm nicht wahr,
Was Grund für sein Wehklagen war.
Doch um der Herrin willen streckt
Ich nach dem Täubchen meine Hand,
Da hatt ich eine Schlange entdeckt,
Die sich um Hals und Schwingen wand.
Grün wie das Gras, in dem sie liegt,
Den Kopf an den der Taube geschmiegt,
Und mit dem Täubchen bebt sie wild,
Es schwillt ihr Hals, wenn seiner schwillt!
Daraufhin bin ich aufgewacht;
Die Turmuhr schlug, 's war Mitternacht.
Auch als der Schlummer von mir wich,
Verzog der Traum sich trotzdem nicht –
Er lebt vor meinem Aug, dünkt mich!
So fasste ich daraus die Pflicht,
Mit lautem Klang und frommem Sang
Durch den so kargen Wald zu gehn,
Dass dort nichts Böses mög bestehn.«

Der Freiherr lächelte jedoch,
Und lauschte dem Bericht kaum noch;
Er wandte sich zu Geraldine,
Sein Blick vor Liebe und Staunen blind;
Und sprach in Worten höfisch fein,

"Sweet maid, Lord Roland's beauteous dove,
With arms more strong than harp or song,
Thy sire and I will crush the snake!"
He kissed her forehead as he spake,
And Geraldine in maiden wise
Casting down her large bright eyes,
With blushing cheek and courtesy fine
She turned her from Sir Leoline;
Softly gathering up her train,
That o'er her right arm fell again;
And folded her arms across her chest,
And couched her head upon her breast,
And looked askance at Christabel – –
Jesu, Maria, shield her well!

A snake's small eye blinks dull and shy;
And the lady's eyes they shrunk in her head,
Each shrunk up to a serpent's eye,
And with somewhat of malice, and more of dread,
At Christabel she looked askance! –
One moment – and the sight was fled!
But Christabel in dizzy trance
Stumbling on the unsteady ground
Shuddered aloud, with a hissing sound;
And Geraldine again turned round,
And like a thing, that sought relief,
Full of wonder and full of grief,
She rolled her large bright eyes divine
Wildly on Sir Leoline.

»Lord Rolands Taube, schönes Kind,
Mit Waffenklang statt mit Gesang,
Erschlagen wir das Schlangentier!«
Er sprachs und küsst die Stirne ihr.
Und Geraldine nach Jungfernart
Schlug nieder ihre Augen zart,
Errötete und knickste fein,
Und wandte sich von Leoline;
Hob ihre Schleppe sacht empor,
Die abgeglitten war zuvor;
Und die Arme vor der Brust verschränkt,
Den Kopf zum Busen abgesenkt,
Beäugte sie Christabel geschwind – –
Jesus, Maria, schützt das Kind!

Klein sind Schlangenäugelein;
Und die Augen der Frau, ihr schrumpften die zwei
Im Kopf zu Schlangenaugen ein,
Und mit Arg, und noch mehr Schreck dabei,
Beäugte sie Christabel nur schnell! –
Da war der Anblick schon vorbei!
Benommen wankte Christabel,
Und schwankte schwindlig hin und her,
Und zischte laut erschaudernd schwer;
Da drehte sich Frau Geraldine,
Wie suchend nach Erleichterung,
Voll Gram und voll Verwunderung,
Und rollte ihrer Augen Pracht
Auf Leoline mit wilder Macht.

The maid, alas! her thoughts are gone,
She nothing sees – no sight but one!
The maid, devoid of guile and sin,
I know not how, in fearful wise,
So deeply had she drunken in
That look, those shrunken serpent eyes,
That all her features were resigned
To this sole image in her mind:
And passively did imitate
The look of dull and treacherous hate!
And thus she stood, in dizzy trance,
Still picturing that look askance
With forced unconscious sympathy
Full before her father's view – –
As far as such a look could be
In eyes so innocent and blue!

And when the trance was o'er, the maid
Paused awhile, and inly prayed:
Then falling at the Baron's feet,
"By my mother's soul do I entreat
That thou this woman send away!"
She said: and more she could not say:
For what she knew she could not tell,
O'er-mastered by the mighty spell.

Why is thy cheek so wan and wild,
Sir Leoline? Thy only child
Lies at thy feet, thy joy, thy pride,
So fair, so innocent, so mild;

Das Mädchen, ach! ihr schwand der Sinn,
Sie starrte nur auf eines hin!
Das Mädchen, arglos, unbefleckt,
Es ließ sich solcherart vollsaugen,
Ich weiß nicht wie, zu Tod erschreckt,
Von jenem Blick der Schlangenaugen,
Dass ihr ganzes Mienenspiel
Dem einen inneren Bild verfiel:
Es ahmte träg die Miene nach,
Aus welcher dumpfes Hassen sprach!
Und also hat sie wirr entrückt
Die bösen Blicke ausgedrückt,
In aufgezwungener Sympathie,
Direkt in ihres Vaters Sicht – –
So weit es möglich war für sie,
Mit solch unschuldigem Gesicht!

Schließlich ließ die Trance nach.
Da betete sie innerlich,
Und kniete dann zum Lord und sprach,
»Bei Mutters Seel ersuch ich dich:
Weise dieses Weib hier fort!«
Sie sprach's, und sprach kein weiteres Wort.
Sie konnt nicht sagen, was sie sann,
Bezwungen von dem Zauberbann.

Sir Leoline, warum wohl sind
Die Wangen dir so fahl? Dein Kind,
Dein Stolz, es liegt vor dir in Not,
So schön, so rein, so gutgesinnt;

The same, for whom thy lady died!
O by the pangs of her dear mother
Think thou no evil of thy child!
For her, and thee, and for no other,
She prayed the moment ere she died:
Prayed that the babe for whom she died,
Might prove her dear lord's joy and pride!
   That prayer her deadly pangs beguiled,
      Sir Leoline!
   And wouldst thou wrong thy only child,
      Her child and thine?

Within the Baron's heart and brain
If thoughts, like these, had any share,
They only swelled his rage and pain,
And did but work confusion there.
His heart was cleft with pain and rage,
His cheeks they quivered, his eyes were wild,
Dishonoured thus in his old age;
Dishonoured by his only child,
And all his hospitality
To the wronged daughter of his friend
By more than woman's jealousy
Brought thus to a disgraceful end –
He rolled his eye with stern regard
Upon the gentle minstrel bard,
And said in tones abrupt, austere –
"Why, Bracy! dost thou loiter here?
I bade thee hence!" The bard obeyed;

Dein Weib ist seinetwillen tot!
Bei seiner lieben Mutter Schmerzen,
O denk nicht bös von deinem Kind!
Mit ihm und dir allein im Herzen
Betete sie vor ihrem Tod,
Es sei das Kind nach ihrem Tod
Der Stolz des Lords in Glück und Not!
   Ihr Leid ertrug sie so gesinnt,
      Sir Leoline!
   Willst du mit eurem einzigen Kind
      Im Unrecht sein?

Wirkte solches Denken je
In des Barones Herz und Hirn,
So nährte es nur Wut und Weh,
Und half allein, ihn zu verwirren.
Sein Herz in Weh und Wut zerteilt,
Bebte sein Antlitz zornentbrannt,
Im Alter so von Schand ereilt;
Befleckt vom eignen Kind mit Schand,
Und seine ganze Gastlichkeit
Dem Kind des Freundes zugedacht
Durch mehr als nur durch Weiberneid
Zu solch schandbarem End gebracht –
Streng rollte er sein Auge dann
Auf den zarten Hofspielmann,
Und frug in brüskem Ton, »Warum,
Bracy! lungerst hier herum?
Hinweg!« Der Barde ging geschwind;

And turning from his own sweet maid,
The agéd knight, Sir Leoline,
Led forth the lady Geraldine!

The Conclusion to Part II

A little child, a limber elf,
Singing, dancing to itself,
A fairy thing with red round cheeks,
That always finds, and never seeks,
Makes such a vision to the sight
As fills a father's eyes with light;
And pleasures flow in so thick and fast
Upon his heart, that he at last
Must needs express his love's excess
With words of unmeant bitterness.
Perhaps 'tis pretty to force together
Thoughts so all unlike each other;
To mutter and mock a broken charm,
To dally with wrong that does no harm.
Perhaps 'tis tender too and pretty
At each wild word to feel within
A sweet recoil of love and pity.
And what, if in a world of sin
(O sorrow and shame should this be true!)
Such giddiness of heart and brain
Comes seldom save from rage and pain,
So talks as it's most used to do.

Da wandte sich von seinem Kind
Der alte Ritter Leoline
Und führte fort Frau Geraldine!

Der Schluss von Teil II

Ein flinker Elf, ein Kindelein,
Das singt und tanzt für sich allein,
Feenhaft und rotbewangt,
Das niemals strebt, und stets erlangt:
Ein väterliches Angesicht
Erfüllt ein solches Bild mit Licht.
Und große Wonne strömt einwärts
So schnell und mächtig auf sein Herz,
Dass er der Liebe Überfluss
Ungewollt barsch ausdrücken muss.
Vielleicht ist's schön in eins zu schmieden
Gedanken derart grundverschieden;
Zu spotten mit gebrochnem Bann,
Mit Schuld, die nicht mehr schaden kann.
Es ist auch schön und gut vielleicht,
Bei jedem wüsten Wort, das fällt,
Zu spüren wie die Liebe weicht.
Und was, wenn in der Sündenwelt
(Und wär dies wahr, o Weh und Schmach!)
Solche Verwirrung von Kopf und Herz
Zu oft nur kommt von Zorn und Schmerz,
Und spricht, so wie sie je schon sprach.

Kubla Khan

Or, A Vision in a Dream. A Fragment

In Xanadu did Kubla Khan
A stately pleasure-dome decree:
Where Alph, the sacred river, ran
Through caverns measureless to man
   Down to a sunless sea.
So twice five miles of fertile ground
With walls and towers were girdled round:
And there were gardens bright with sinuous rills,
Where blossomed many an incense-bearing tree;
And here were forests ancient as the hills,
Enfolding sunny spots of greenery.

But oh! that deep romantic chasm which slanted
Down the green hill athwart a cedarn cover!
A savage place! as holy and enchanted
As e'er beneath a waning moon was haunted
By woman wailing for her demon-lover!
And from this chasm, with ceaseless turmoil seething,
As if this earth in fast thick pants were breathing,
A mighty fountain momently was forced:
Amid whose swift half-intermitted burst
Huge fragments vaulted like rebounding hail,

Kubla Khan

ODER, EINE VISION IM TRAUM. EIN FRAGMENT

Ein wunderbares Freudenschloss
Schuf Kubla Khan in Xanadu:
Wo Alph, der Strom geheiligt, floss
Und durch enorme Grotten schoss
    Dem finstren Meere zu.
Zwei Mal fünf Meilen reiches Land
Mit Wall und Türmen ward umspannt:
Dort wanden Bächlein sich durch helle Gärten,
Und Blüten trieb so mancher Weihrauchbaum;
Hier wuchsen Wälder, welche ewig währten,
Und in sich bargen sonnig-grünen Raum.

Doch grub sich eine tiefe Schauer-Schlucht
Am grünen Hügel quer durchs Zedernkleid!
Ein wilder Ort! so heilig und verflucht,
Als je bei Mondenschein ward heimgesucht
Vom Weib, das nach dem Dämon-Manne schreit!
Und aus der Schlucht, mit Schäumen und mit Dröhnen,
Als würd die Erde schwer und hastig stöhnen,
Ein starker Springquell plötzlich schoss heran:
Und mitten in des Ausbruchs Ab und An
Wie Hagel sprangen Brocken riesenhaft,

Or chaffy grain beneath the thresher's flail:
And 'mid these dancing rocks at once and ever
It flung up momently the sacred river.
Five miles meandering with a mazy motion
Through wood and dale the sacred river ran,
Then reached the caverns measureless to man,
And sank in tumult to a lifeless ocean:
And 'mid this tumult Kubla heard from far
Ancestral voices prophesying war!

   The shadow of the dome of pleasure
   Floated midway on the waves;
   Where was heard the mingled measure
   From the fountain and the caves.
It was a miracle of rare device,
A sunny pleasure-dome with caves of ice!

   A damsel with a dulcimer
   In a vision once I saw:
   It was an Abyssinian maid,
   And on her dulcimer she played,
   Singing of Mount Abora.
   Could I revive within me
   Her symphony and song,
   To such a deep delight 'twould win me
That with music loud and long,
I would build that dome in air,
That sunny dome! those caves of ice!
And all who heard should see them there,
And all should cry, Beware! Beware!

Wie spreuiges Korn unter des Flegels Kraft:
Und aus dem steten Felsentanz hervor
Schoss nun der Strom geheiligt jäh empor.
Fünf Meilen weit auf wirrem Weg gewunden
Durch Wald und Tal der Strom geheiligt floss,
Hinab zu den enormen Grotten schoss,
Bis tosend er in tote See verschwunden:
Und im Getös zum Khan die Kunde stieg,
Dass Ahnenstimmen prophezeiten Krieg!

   Der Schatten von dem Freudenschloss
   Schwebte mitten auf der Welle,
   Wo der Klang zusammenfloss
   Von den Höhlen und der Quelle.
Es war von rarem Wunderwerk Beweis,
Besonntes Freudenschloss mit Gruft aus Eis!

   Ein Fräulein mit dem Zymbal einst
   Als Vision ich sah:
   Sie war aus Abessinien,
   Entrang dem Zymbal Melodien
   Und sang vom Berg Abora.
   Könnt ich in mir beleben
   Ihr Spiel und ihren Sang,
   Solch tiefe Wonne würds mir geben,
Dass mit Klängen laut und lang
Ich ließ das Schloss in Luft erstehn,
Besonntes Schloss! die Gruft aus Eis!
Und die es hörten, sollten sehn,
Und alle rufen, meidet den!

His flashing eyes, his floating hair!
Weave a circle round him thrice,
And close your eyes with holy dread,
For he on honey-dew hath fed,
And drunk the milk of Paradise.

Sein Auge blitzt, die Haare wehn!
Auf dass ein Kreis sich um ihn schließ!
Senkt scheu den Blick vor dieser Schau,
Denn dieser aß vom Honigtau,
Und trank die Milch vom Paradies.

France: An Ode

I

Ye Clouds! that far above me float and pause,
   Whose pathless march no mortal may controul!
   Ye Ocean-Waves! that, wheresoe'er ye roll,
Yield homage only to eternal laws!
Ye Woods! that listen to the night-birds singing,
   Midway the smooth and perilous slope reclined,
Save when your own imperious branches swinging,
   Have made a solemn music of the wind!
Where, like a man beloved of God,
Through glooms, which never woodman trod,
     How oft, pursuing fancies holy,
My moonlight way o'er flowering weeds I wound,
   Inspired, beyond the guess of folly,
By each rude shape and wild unconquerable sound!
O ye loud Waves! and O ye Forests high!
   And O ye Clouds that far above me soared!
Thou rising Sun! thou blue rejoicing Sky!
   Yea, every thing that is and will be free!
   Bear witness for me, wheresoe'er ye be,
   With what deep worship I have still adored
     The spirit of divinest Liberty.

Frankreich: Eine Ode

I

Ihr Wolken! die ihr über mir verkehrt,
 In freiem Marsch vom Menschen ungezähmt!
 Ihr Meereswogen! wo ihr immer strömt,
Die ihr nur ewige Gesetze ehrt!
Ihr Wälder! die Nachtvögeln lauscht beim Singen
 Geschmiegt an den gefährlich glatten Hang,
Außer wenn eurer starken Äste Schwingen
 Den Wind erweckt zu feierlichem Klang!
Wo, wie ein Mensch geliebt von Gott,
Durchs Finstre, fern von allem Trott,
 Ich zog bei Mondschein meine Bahnen
In heilgen Phantasien im blühnden Kraut,
 Beseelt, jenseits von dummem Ahnen,
Von aller rohen Form und ungestümem Laut!
O laute Wellen! Wälder hochgereckt!
 O Wolken über mir in hohem Flug!
Du Morgensonne! Himmelblau beglückt!
 Ja, alls, was frei ist, frei für alle Zeit!
 Seid meine Zeugen, wo ihr immer seid,
 Wie ich stets tiefe Huldigung antrug
  Dem Geist der hocherhabenen Freiheit.

II

When France in wrath her giant-limbs upreared,
    And with that oath, which smote air, earth, and sea,
    Stamped her strong foot and said she would be free,
Bear witness for me, how I hoped and feared!
With what a joy my lofty gratulation
    Unawed I sang, amid a slavish band:
And when to whelm the disenchanted nation,
    Like fiends embattled by a wizard's wand,
        The Monarchs marched in evil day,
        And Britain joined the dire array;
    Though dear her shores and circling ocean,
Though many friendships, many youthful loves
    Had swoln the patriot emotion
And flung a magic light o'er all her hills and groves;
Yet still my voice, unaltered, sang defeat
    To all that braved the tyrant-quelling lance,
And shame too long delayed and vain retreat!
For ne'er, O Liberty! with partial aim
I dimmed thy light or damped thy holy flame;
    But blessed the paeans of delivered France,
And hung my head and wept at Britain's name.

III

"And what", I said, "though Blasphemy's loud scream
    With that sweet music of deliverance strove!
    Though all the fierce and drunken passions wove

II

Als Frankreichs Hünenleib im Zorn aufsprang,
   Luft, Land und See zerschlug mit seinem Eid,
   Und stampfend forderte, er sei befreit,
Seid meine Zeugen, wie ich hoffte bang!
Wie freudig stolze Gratulationen
   Ich mutig unter Sklavenbanden gab:
Als dann Monarchen aller Nationen,
   Wie Teufel aufgestellt vom Zauberstab,
     Sich stürzten auf das Volk erwacht,
     Und England eintrat in die Schlacht;
   Trotz seiner Küsten, so verehrten,
Trotz vieler Freunde, junger Liebeleien,
   Die Vaterlandsgefühle nährten
Und warfen Zauberlicht auf jeden Berg und Hain;
Sang ich doch nieder allen Widerstand
   Gegen den Umsturz jener Tyrannei,
Unnützen Rückzug, aufgeschobne Schand!
O Freiheit! Nie hab ich mit niedrem Ziel
Verdunkelt deiner heilgen Flamme Spiel;
   Ich pries das Lied von Frankreich endlich frei,
Und schwieg beschämt, wenn Englands Name fiel.

III

»Wenn auch«, sprach ich, »der Schrei der Blasphemie
   Wider den Wohlklang der Befreiung focht!
   Und alle trunkne Leidenschaft sich flocht

A dance more wild than e'er was maniac's dream!
　　Ye storms, that round the dawning East assembled,
The Sun was rising, though ye hid his light!"
　　And when, to soothe my soul, that hoped and trembled,
The dissonance ceased, and all seemed calm and bright;
　　　When France her front deep-scarr'd and gory
　　　Concealed with clustering wreaths of glory;
　　　　When, insupportably advancing,
　　　Her arm made mockery of the warrior's ramp;
　　　　While timid looks of fury glancing,
　　Domestic treason, crushed beneath her fatal stamp,
Writhed like a wounded dragon in his gore;
　　Then I reproached my fears that would not flee;
"And soon", I said, "shall Wisdom teach her lore
In the low huts of them that toil and groan!
And, conquering by her happiness alone,
　　Shall France compel the nations to be free,
Till Love and Joy look round, and call the Earth their own."

IV

Forgive me, Freedom! O forgive those dreams!
　　I hear thy voice, I hear thy loud lament,
　　From bleak Helvetia's icy caverns sent –
I hear thy groans upon her blood-stained streams!
　　Heroes, that for your peaceful country perished,
And ye that, fleeing, spot your mountain-snows
　　With bleeding wounds; forgive me, that I cherished

Zum bösen Tanz in wildester Manie!
  Ihr Stürme, eingerückt im Morgengrauen,
Die Sonne stieg, verbargt ihr auch den Schein!«
  Und als, das bange Herz mir zu erbauen,
Der Missklang schwand, und alls schien still und rein;
  Als Frankreich sich die blutbefleckte
  Stirn mit Ruhmgeflecht versteckte;
    Und, vorwärts drängend unerträglich,
Des Kriegers Raserei mit Hohn abtat;
    Derweil mit Zornesblicken kläglich,
Zerdrückt von ihrem Todestritt, der Hochverrat
Als wunder Drache sich im Blute wand;
  Da schalt ich meine Ängste, die nicht flohn;
»Es zieht«, sprach ich, »die Weisheit bald durchs Land
Zu Stätten voller Plackerei und Pein!
Es wird durch Sieg und Zwang des Glücks allein
  Frankreich befreien jede Nation;
Die Erde wird der Freud und Liebe eigen sein.«

IV

Vergib, O Freiheit! dass ich dies geträumt!
  Ich hör Dein Rufen, hör Dein Jammern schwer,
  Weit von Helvetiens Eiseshöhlen her –
Dein Stöhnen auf den Bächen blutbeschäumt!
  Helden, gestorben für ein Land in Frieden,
Die ihr den Schnee betropftet, als ihr floht,
  Mit Blut; verzeiht, dass ich nicht stets entschieden

One thought that ever blessed your cruel foes!
    To scatter rage, and traitorous guilt,
    Where Peace her jealous home had built;
      A patriot-race to disinherit
Of all that made their stormy wilds so dear;
    And with inexpiable spirit
To taint the bloodless freedom of the mountaineer –
O France, that mockest Heaven, adulterous, blind,
    And patriot only in pernicious toils!
Are these thy boasts, Champion of human kind?
    To mix with Kings in the low dust of sway,
Yell in the hunt, and share the murderous prey;
To insult the shrine of Liberty with spoils
    From freemen torn; to tempt and to betray?

V

    The Sensual and the Dark rebel in vain,
    Slaves by their own compulsion! In mad game
    They burst their manacles and wear the name
      Of Freedom, graven on a heavier chain!
    O Liberty! with profitless endeavour
Have I pursued thee, many a weary hour;
    But thou nor swell'st the victor's strain, nor ever
Didst breathe thy soul in forms of human power.
    Alike from all, howe'er they praise thee,
    (Nor prayer, nor boastful name delays thee)
      Alike from Priestcraft's harpy minions,
    And factious Blasphemy's obscener slaves,
      Though speedest on thy subtle pinions,

Den schlimmen Feind verflucht, der euch bedroht!
  Dort Zorn zu säen und Niedertracht,
  Wo übers Heim der Frieden wacht;
    Ein Patriotenvolk enterben
Von allem, was es an der Wildnis liebt;
  Mit unsühnbarem Geist verderben
Des Bergbewohners Freiheit nie von Blut getrübt –
O frevelhaftes Frankreich, falsch und blind,
  Und Patriot in Mordesmüh allein!
Ob dies des Menschheitshelden Taten sind?
  Mit Königen im Staub der Macht verkehren,
Den Jagdruf tun, vom toten Tier zu zehren;
Durch Plündern zu entweihn der Freiheit Schrein;
  Die Menschen zu versuchen und versehren?

V

  Umsonst, wenn dunkle Wollust rebelliert,
Sklavin der Triebe! Bricht in Raserei
Die Fesseln auf und trägt das Wörtchen ›frei‹
  Auf einer stärkren Kette eingraviert!
O Freiheit! fruchtlos habe ich gerungen:
Manch schwere Stund hab ich nach dir gestrebt;
  Doch nie hast du des Siegers Lied gesungen,
Noch eine Form von Menschenmacht belebt.
  Von allen, wie sie dich auch loben,
    (Gebet und Prahlerei enthoben)
      Den pfaffenhörigen Günstlingen
  Gleich wie der lästerlichen Sklavenbrut,
    Enteilst du auf den zarten Schwingen,

The guide of homeless winds, and playmate of the waves!
And there I felt thee! – on that sea-cliff's verge,
   Whose pines, scarce travelled by the breeze above,
Had made one murmur with the distant surge!
Yes, while I stood and gazed, my temples bare,
And shot my being through earth, sea, and air,
   Possessing all things with intensest love,
     O Liberty! my spirit felt thee there.

Lenkst heimatlose Winde, tändelst mit der Flut!
Da spürt ich dich! – an jenem Klippenrand
   Mit Kiefern, von der Brise kaum geregt,
Dern Rauschen sich mit dem der Gischt verband!
Ja, als ich staunend stand, die Schläfen bar,
Und als mein Sein bei Meer, Luft, Erde war,
   Und alls besaß in Liebe tief bewegt,
     O Freiheit! ja, da nahm mein Geist dich wahr.

Dejection: An Ode

> Late, late yestreen I saw the new Moon,
> With the old Moon in her arms;
> And I fear, I fear, my Master dear!
> We shall have a deadly storm.
> *Ballad of Sir Patrick Spence*

I

Well! If the Bard was weather-wise, who made
 The grand old ballad of Sir Patrick Spence,
 This night, so tranquil now, will not go hence
Unroused by winds, that ply a busier trade
Than those which mould yon cloud in lazy flakes,
Or the dull sobbing draft, that moans and rakes
Upon the strings of this Æolian lute,
 Which better far were mute.
 For lo! the New-moon winter-bright!
 And overspread with phantom light,
 (With swimming phantom light o'erspread
 But rimmed and circled by a silver thread)
I see the old Moon in her lap, foretelling
 The coming-on of rain and squally blast.

Schwermut: Eine Ode

> Gestern Abend sah ich den neuen Mond,
> Ein Hof war um ihn her.
> Ich fürcht', ich fürcht', mein lieber Herr,
> Ein Sturm uns wartet schwer.
> *Die Ballade von Sir Patrick Spence*
> *(übers. J. G. v. Herder, Volkslieder, 1825)*

I

War der Poet im Wetter wohl gelehrt,
   Der den Gesang von Patrick Spence erdacht,
   Wird nicht vergehn die jetzt so stille Nacht,
Von eifrigeren Winden ungestört,
Als dem, der dies Gewölk zu Flocken rupft,
Oder der Luft, die heult und stöhnt und zupft
Auf dieser Äolsharfe hier herum,
   Die besser bliebe stumm.
Denn seht! der Neumond klar in Sicht!
Und überdeckt mit Geisterlicht,
(Mit Geisterlicht bedeckt, und nur
Umrahmt von einer feinen Silberschnur)
Ich seh den alten Mond im Schoß anzeigen,
   Dass Regen kommt und Sturmeswehn.

And oh! that even now the gust were swelling,
    And the slant night-shower driving loud and fast!
Those sounds which oft have raised me, whilst they awed,
    And sent my soul abroad,
Might now perhaps their wonted impulse give,
Might startle this dull pain, and make it move and live!

II

A grief without a pang, void, dark, and drear,
    A stifled, drowsy, unimpassioned grief,
      Which finds no natural outlet, no relief,
        In word, or sigh, or tear –
O Lady! in this wan and heartless mood,
To other thoughts by yonder throstle woo'd,
    All this long eve, so balmy and serene,
Have I been gazing on the western sky,
    And its peculiar tint of yellow green:
And still I gaze – and with how blank an eye!
And those thin clouds above, in flakes and bars,
That give away their motion in the stars;
Those stars, that glide behind them or between,
Now sparkling, now bedimmed, but always seen:
Yon crescent Moon, as fixed as if it grew
In its own cloudless, starless lake of blue;
I see them all so excellently fair,
I see, not feel, how beautiful they are!

Und ach! dass eben jetzt Windstöße steigen,
   Und schräge Schauer prasselnd niedergehn!
Die Klänge haben mich so oft verzückt,
     Und meine Seel entrückt,
Sie könnten mir wie früher Anstoß geben,
Rühren die dumpfe Pein, zu Regung und zu Leben!

II

Schmerzlose Trauer, dunkel, düster, leer,
   Die träg und regungslos erstickt verharrt,
     Der weder Seufzer, Träne noch das Wort
        Verschaffen Lindrung mehr –
Herrin! aus solcher Stimmung schwach, bedrückt,
Hat jener Drossel Lied mich weit entrückt,
   Den ganzen Abend lang so mild und klar,
Hab ich zum Westhimmel emporgestarrt,
   In seinem eignen Gelbgrün sonderbar:
Und starre noch – wie leer mein Auge harrt!
Dünnes Gewölk, das da zerfetzt, zersät,
In all den Sternen seinen Lauf verrät,
Welche dahinter und dazwischen stehn,
Nun glitzernd, nun getrübt, doch stets zu sehn:
Der Mond so starr, als würde er allein
In sternenlosem blauem See gedeihn;
Ich seh die ganze Schönheit der Natur,
Doch spüre ich sie nicht, ich seh sie nur!

III

  My genial spirits fail;
   And what can these avail
To lift the smothering weight from off my breast?
   It were a vain endeavour,
    Though I should gaze for ever
On that green light that lingers in the west:
I may not hope from outward forms to win
The passion and the life, whose fountains are within.

IV

O Lady! we receive but what we give,
And in our life alone does Nature live:
Ours is her wedding garment, ours her shroud!
 And would we aught behold, of higher worth,
Than the inanimate cold world allowed
To the poor loveless ever-anxious crowd,
  Ah! from the soul itself must issue forth
A light, a glory, a fair luminous cloud
   Enveloping the Earth –
And from the soul itself must there be sent
 A sweet and potent voice, of its own birth,
Of all sweet sounds the life and element!

V

O pure of heart! thou need'st not ask of me
What this strong music in the soul may be!

III

Die Geisteskraft fehlt mir;
Was nützt das alles hier,
Mich zu befrein vom drückenden Gewicht?
Es hülfe mir doch nimmer,
Und schaute ich für immer
Auf das im Westen weilnde grüne Licht:
Denn nicht von draußen hoff ich auf Gewinn
Von Leidenschaft und Leben, die entstehen drin.

IV

O Herrin! Nehmen gibts im Geben nur,
Und nur durch unser Leben lebt Natur:
Uns ist ihr Grabtuch, uns ihr Hochzeitskleid!
Und wollten wir Bedeutenderes sehn,
Als sie die tote kalte Welt verleiht
Der Menge liebeleer und voller Neid,
Ah! aus der Seele selbst muss dann ausgehn
Ein Licht, ein Glanz, ein Dunst von Herrlichkeit
Die Erd umkränzend rund –
Und aus der Seele selbst muss sich erheben
Ein Singen süß und stark aus eignem Grund,
Und allen Wohlklangs Element und Leben!

V

Frag du nicht mich, O du, im Herzen rein,
Welche Musik der Seel dies möchte sein!

What, and wherein it doth exist,
This light, this glory, this fair luminous mist,
This beautiful and beauty-making power.
   Joy, virtuous Lady! Joy that ne'er was given,
Save to the pure, and in their purest hour,
Life, and Life's effluence, cloud at once and shower,
Joy, Lady! is the spirit and the power,
Which wedding Nature to us gives in dower
   A new Earth and new Heaven,
Undreamt of by the sensual and the proud –
Joy is the sweetest voice, Joy the luminous cloud –
     We in ourselves rejoice!
And thence flows all that charms or ear or sight,
   All melodies the echoes of that voice,
All colours a suffusion from that light.

VI

There was a time when, though my path was rough,
   This joy within me dallied with distress,
And all misfortunes were but as the stuff
   Whence Fancy made me dreams of happiness:
For hope grew round me, like the twining vine,
And fruits, and foliage, not my own, seemed mine.
But now afflictions bow me down to earth:
Nor care I that they rob me of my mirth;
     But oh! each visitation
Suspends what nature gave me at my birth,
   My shaping spirit of Imagination.

Und welches diese wohl ausmacht,
Das Licht, den Glanz, die helle Nebelpracht,
Das schöne, Schönes schaffende Vermögen.
    Freude, O Herrin!, die niemand erhält,
Außer den Reinen, und auf reinsten Wegen,
Leben, sein Überfluss: Wolke und Regen,
Die Freude ist der Geist und das Vermögen,
Das die Natur uns schenkt als Hochzeitssegen,
    Ein neuer Himmel, neue Welt,
Vom Lüsternen und Stolzen nie erträumt –
Die süße Stimm ist Freude, Wolke lichtgesäumt –
    In uns liegt unser Glück!
Von hier fließt alls was Sinnenfreuden schenkt,
    Ein Echo dieser Stimm ist die Musik,
Die Farben sind von diesem Licht durchtränkt.

VI

Früher einmal, wenn auch auf Wegen schroff,
    Spielte in mir die Freude mit dem Leid,
Und alles Unglück war nur wie der Stoff
    Für Fantasien von Glückseligkeit:
Denn Hoffnung rankte sich um mich wie Wein,
Und Laub und Früchte andrer schienen mein.
Doch jetzt kommt Kummer, der mich niederringt:
Nicht bloß, dass er mich um den Frohsinn bringt;
    Mit jedem Streich erschlafft,
Was mir gegeben ward naturbedingt,
    Mein schöpferischer Geist, Einbildungskraft.

For not to think of what I needs must feel,
　　But to be still and patient, all I can;
And haply by abstruse research to steal
　　From my own nature all the natural man –
　　This was my sole resource, my only plan:
Till that which suits a part infects the whole,
And now is almost grown the habit of my soul.

VII

Hence, viper thoughts, that coil around my mind,
　　　　Reality's dark dream!
I turn from you, and listen to the wind,
　　Which long has raved unnoticed. What a scream
Of agony by torture lengthened out
That lute sent forth! Thou Wind, that rav'st without,
　　Bare crag, or mountain-tairn, or blasted tree,
Or pine-grove whither woodman never clomb,
Or lonely house, long held the witches' home,
　　Methinks were fitter instruments for thee,
Mad Lutanist! who in this month of showers,
Of dark-brown gardens, and of peeping flowers,
Mak'st Devils' yule, with worse than wintry song,
The blossoms, buds, and timorous leaves among.
　　Thou Actor, perfect in all tragic sounds!
Thou mighty Poet, e'en to frenzy bold!
　　　　What tell'st thou now about?
　　　　'Tis of the rushing of an host in rout,
　　With groans, of trampled men, with smarting wounds –

Denn nicht zu denken, was ich müsste spüren,
  So still und duldsam sein wie möglich nur;
Und mit abstruser Forschung zu entführen
  Aus meiner Art all menschliche Natur –
  Dies war allein mir Plan und Remedur:
Bis was dem Teil dient, sich ins Ganze frisst,
Und nun schon fast Gewohnheit meiner Seele ist.

VII

Gedankengift in meinem Geist, verschwinde,
    Traum finstrer Wirklichkeit!
Ich wend mich ab und horche auf die Winde,
    Die längst schon toben unbemerkt. Es schreit
Gleichsam durch Folterqualen langgedehnt
Die Laute da! Du Wind, der draußen dröhnt,
    Bergseen, barer Fels, ein Baum zertrennt,
Vom Förster nie erstiegner Kiefernwald,
Ein Haus, das lang als Hexenhütte galt,
    Dünkten mich dir das bessre Instrument,
Verrückter Lautenist! Bei nassen Tagen,
Wenn Gärten braun sind, Blumen sich vorwagen,
Machst Teufelsjulfest, mit eiskaltem Sang,
Unter den Blüten, Knospen, Blättern bang.
    Du Schauspieler, im Tragischen gelehrt!
Du großer Dichter, toll im tapfren Herz!
    Wovon erzählst du jetzt?
    Von einem Heer geschlagen und gehetzt,
    Gestöhn zermalmter Männer arg versehrt –

At once they groan with pain, and shudder with the cold!
But hush! there is a pause of deepest silence!
   And all that noise, as of a rushing crowd,
With groans, and tremulous shudderings – all is over –
   It tells another tale, with sounds less deep and loud!
     A tale of less affright,
     And tempered with delight,
As Otway's self had framed the tender lay, –
     'Tis of a little child
     Upon a lonesome wild,
Not far from home, but she hath lost her way:
And now moans low in bitter grief and fear,
And now screams loud, and hopes to make her mother hear.

VIII

'Tis midnight, but small thoughts have I of sleep:
Full seldom may my friend such vigils keep!
Visit her, gentle Sleep! with wings of healing,
   And may this storm be but a mountain-birth,
May all the stars hang bright above her dwelling,
   Silent as though they watched the sleeping Earth!
     With light heart may she rise,
     Gay fancy, cheerful eyes,
   Joy lift her spirit, joy attune her voice;
To her may all things live, from pole to pole,
Their life the eddying of her living soul!
   O simple spirit, guided from above,
Dear Lady! friend devoutest of my choice,
Thus mayest though ever, evermore rejoice.

Sie schaudern in dem Frost und stöhnen unterm Schmerz!
Doch still! da ist ein Halt von tiefstem Schweigen!
  Und aller Lärm, vom hastigen Verkehr,
Mit Stöhnen und bebendem Schaudern, ist vorüber –
  Anderes wird erzählt, es klingt nicht laut noch schwer!
    Ein zarterer Bericht,
    Aus dem Vergnügen spricht,
Als dächt ein Otway sich das Liedchen aus, –
    Von einem Mädchen klein
    Im Freien ganz allein,
Nicht weit, doch es verlor den Weg nach Haus:
Nun stöhnt es leis mit bittrem Schmerz, verschreckt,
Nun schreit es laut und hofft, dass Mutter es entdeckt.

VIII

Ich denk noch kaum an Schlaf, um Mitternacht:
Die Freundin mög nicht halten solche Wacht!
Besuch sie, Schlaf! mit heilendem Gefieder,
  Es mög der Sturm als Berggeburt ausgehn,
Mög jeder Stern hell scheinen auf sie nieder,
  Als ob sie still der Welt beim Schlaf zusähn!
    Sie wach mit leichtem Herz,
    Den Sinn voll Lust und Scherz,
  Freude zieh ihr in Geist und Stimme ein;
Leben sei ihr in jedem Ding der Welt,
Das wirbelnd ihre Seel lebendig hält!
  O schlichter Geist, geleitet aus der Höh,
Geliebte Herrin! frömmste Freundin mein,
Mög diese Freude immer mit dir sein.

Hymn before Sun-rise, in the Vale of Chamouni

> Besides the Rivers, Arve and Arveiron, which have their sources in the foot of Mont Blanc, five conspicuous torrents rush down its sides; and within a few paces of the Glaciers, the Gentiana Major grows in immense numbers, with its "flowers of loveliest blue".

Hast thou a charm to stay the morning-star
In his steep course? So long he seems to pause
On thy bald awful head, O sovran Blanc,
The Arve and Arveiron at thy base
Rave ceaselessly; but thou, most awful Form!
Risest from forth thy silent sea of pines,
How silently! Around thee and above
Deep is the air and dark, substantial black,
An ebon mass: methinks thou piercest it,
As with a wedge! But when I look again,
It is thine own calm home, thy crystal shrine,
Thy habitation from eternity!
O dread and silent Mount! I gazed upon thee,
Till thou, still present to the bodily sense,
Didst vanish from my thought: entranced in prayer
I worshipped the Invisible alone.

Hymnus vor Sonnenaufgang, im Tal von Chamonix

> Neben den Flüssen Arve und Arveiron, die ihre Quellen am Fuß des Mont Blanc haben, stürzen sich fünf bemerkenswerte Bäche seine Flanken hinunter; und innerhalb weniger Schritte von den Gletschern wächst der Enzian in riesiger Zahl, mit seinen »Blumen lieblich blau«.

Verzauberst du den Morgenstern zum Halt
Auf seinem Kurs? Er scheint so lang zu ruhn
Auf deinem kahlen Haupt, O Herrscher Blanc,
Die Arve und Arveiron toben stets
An deinem Fuß; doch du, erhabne Form!
Wie still du dich vom stillen Kiefernmeer
Erhebst! Um dich herum und oberhalb
Ist tiefe, dunkle Luft, ein starkes Schwarz,
Tiefschwarze Masse: gleichsam aufgespießt
Von deinem Keil! Doch schau ich wieder hin –
Dein sanftes Heim ist's, dein kristallner Schrein,
Deine Behausung aus der Ewigkeit!
O hehrer, stiller Berg! Ich sah auf dich,
Bis du, den Körpersinnen noch präsent,
Vom Denken wichest: Ins Gebet vertieft
Verehrte ich den Unsichtbaren nur.

    Yet, like some sweet beguiling melody,
So sweet, we know not we are listening to it,
Thou, the meanwhile, wast blending with my Thought,
Yea, with my Life and Life's own secret joy:
Till the dilating Soul, enrapt, transfused,
Into the mighty vision passing – there
As in her natural form, swelled vast to Heaven!

    Awake, my soul! not only passive praise
Thou owest! not alone these swelling tears,
Mute thanks and secret ecstasy! Awake,
Voice of sweet song! Awake, my heart, awake!
Green vales and icy cliffs, all join my Hymn.

    Thou first and chief, sole sovereign of the Vale!
O struggling with the darkness all the night,
And visited all night by troops of stars,
Or when they climb the sky or when they sink:
Companion of the morning-star at dawn,
Thyself Earth's rosy star, and of the dawn
Co-herald: wake, O wake, and utter praise!
Who sank thy sunless pillars deep in Earth?
Who filled thy countenance with rosy light?
Who made thee parent of perpetual streams?

    And you, ye five wild torrents fiercely glad!
Who called you forth from night and utter death,
From dark and icy caverns called you forth,
Down those precipitous, black, jaggéd rocks,
For ever shattered and the same for ever?

Wie ein betörend süßes Lied jedoch,
So süß, dass man nicht weiß, dass man ihm lauscht,
Hast du dich meinem Denken beigemischt,
Ja, meinem Leben, stiller Lebenslust:
Bis die verzückte Seel sich weitete,
Aufgehend in der großen Vision –
Und wie natürlich bis zum Himmel schwoll!

Wach auf, o Seele! nicht nur lahmes Lob
Bist schuldig! Nicht nur diesen Tränenschwall,
Geheimen Rausch und stummen Dank! Wach auf,
Mein Herz! Wach, Sangesstimm! Vom Tal zum Kliff,
Stimm alles mit in meinen Hymnus ein.

Du erster, höchster Herrscher übers Tal!
O Ringer mit der Finsternis der Nacht,
Die ganze Nacht besucht vom Sternenheer,
Ob es am Himmel aufsteigt oder sinkt:
Gesell des Morgensterns im Morgenrot,
Selbst Erdens rosiger Stern, und Mit-Herold
Des Morgenrots: Wach auf, und preise hoch!
Wer trieb dein dunkles Stützwerk in den Grund?
Wer goss das Rosenlicht in dein Gesicht?
Wer gab dir ewiger Bäche Elternschaft?

Und euch, ihr fünf Sturzbäche stürmisch froh!
Wer rief euch aus der Nacht und schierem Tod,
Rief euch aus Höhlen düster und eiskalt,
Den schwarz-gezackten Felshang steil hinab,
Ein ewig Trümmerfeld und ewig gleich?

Who gave you your invulnerable life,
Your strenght, your speed, your fury, and your joy,
Unceasing thunder and eternal foam?
And who commanded (and the silence came),
Here let the billows stiffen, and have rest?

 Ye Ice-falls! ye that from the mountain's brow
Adown enormous ravines slope amain –
Torrents, methinks, that heard a mighty voice,
And stopped at once amid their maddest plunge!
Motionless torrents! silent cataracts!
Who made you glorious as the Gates of Heaven
Beneath the keen full moon? Who bade the sun
Clothe you with rainbows? Who, with living flowers
Of loveliest blue, spread garlands at your feet? –
God! let the torrents, like a shout of nations,
Answer! and let the ice-plains echo, God!
God! sing ye meadow-streams with gladsome voice!
Ye pine-groves, with your soft and soul-like sounds!
And they too have a voice, yon piles of snow,
And in their perilous fall shall thunder, God!

 Ye living flowers that skirt the eternal frost!
Ye wild goats sporting round the eagle's nest!
Ye eagles, play-mates of the mountain-storm!
Ye lightnings, the dread arrows of the clouds!
Ye signs and wonders of the element!
Utter forth God, and fill the hills with praise!

Wer gab euch euer Leben untilgbar,
Die Kraft und Schnelle, eure Freud und Wut,
Den Donner rastlos und den steten Schaum?
Und wer gab den Befehl (und Schweigen kam),
Hier lasst die Wogen härten, lasst sie ruhn?

  Eisbrüche, ihr! die ihr vom Bergeshaupt
Rasant durch Riesenschluchten euch absenkt –
Sturzbäche, wie von einem scharfen Schrei
Mitten im tollsten Fall im Nu gehemmt!
Reglose Bäche! Wasserfälle stumm!
Wer schuf euch prächtig wie das Himmelstor
Im Vollmondschein? Wer bat die Sonne, euch
In Regenbogen hülln? Wer kränzte euch
Mit frischen Blumen lieblich blau den Fuß? –
Gott! lass die Bäche wie ein Völkerruf
Antworten! lass Eisfelder echoen, Gott!
Gott! singt ihr Auenflüsse frohgestimmt!
Ihr Kiefern mit beseeltem zartem Klang!
Auch jene Haufen Schnee sind stimmbewehrt,
Und donnern im bedrohlich Fallen, Gott!

  Ihr frischer Blumensaum am Dauerfrost!
Wildziegen, die ihr tollt ums Adlernest!
Ihr Adler, Spielgeselln des Bergesstorms!
Ihr Blitze, arge Pfeile des Gewölks!
Ihr Wunderzeichen allen Elements!
Kündet von Gott und füllt die Höhn mit Lob!

   Thou too, hoar Mount! with thy sky-pointing peaks,
Oft from whose feet the avalanche, unheard,
Shoots downward, glittering through the pure serene
Into the depth of clouds, that veil thy breast –
Thou too again, stupendous Mountain! thou
That as I raise my head, awhile bowed low
In adoration, upward from thy base
Slow travelling with dim eyes suffused with tears,
Solemnly seemest, like a vapoury cloud,
To rise before me – Rise, O ever rise,
Rise like a cloud of incense from the Earth!
Thou kingly Spirit throned among the hills,
Thou dread ambassador from Earth to Heaven,
Great Hierarch! tell thou the silent sky,
And tell the stars, and tell yon rising sun
Earth, with her thousand voices, praises GOD.

Auch du, erhabner Berg! dem Himmel nah
Mit deinen Spitzen, woher ungehört
Oft die Lawine gleißend stürzt durchs Blau
Ins Wolkenmeer, das dir die Brust verhüllt –
Auch du nochmal, stupender Berg! der du,
Wenn ich mein Haupt, nachdem es tief gesenkt
Anbetend war, erhebe, und vom Fuß
Langsam den tränentrüben Blick aufschlag,
Festlich vor mir, wie ein Gewölk aus Dunst,
Emporzusteigen scheinst – steig stets, o steig
Wie Weihrauchschwaden von der Erde auf!
Du königlicher Geist auf hohem Thron,
Gesandter von der Welt zum Himmel du,
Großer Gebieter! sag dem Firmament,
Den Sternen, sag der Sonne, die dort steigt,
Die Erde preist mit tausend Stimmen Gott.

The Pains of Sleep

Ere on my bed my limbs I lay,
It hath not been my use to pray
With moving lips or bended knees;
But silently, by slow degrees,
My spirit I to Love compose,
In humble trust mine eye-lids close,
With reverential resignation,
No wish conceived, no thought exprest,
Only a sense of supplication;
A sense o'er all my soul imprest
That I am weak, yet not unblest,
Since in me, round me, every where
Eternal Strength and Wisdom are.

But yester-night I prayed aloud
In anguish and in agony,
Up-starting from the fiendish crowd
Of shapes and thoughts that tortured me:
A lurid light, a trampling throng,
Sense of intolerable wrong,
And whom I scorned, those only strong!
Thirst of revenge, the powerless will
Still baffled, and yet burning still!
Desire with loathing strangely mixed

Die Qualen des Schlafs

Bevor ich mich zum Schlafen leg,
War es beim Beten nie mein Weg
Zu sprechen und zu knien; ich will
Mich lieber sammeln, sanft und still,
Alleinig auf die Liebe bauen,
Die Augen zu in Gottvertrauen,
Ergeben, ehrfurchtsvoll gesinnt,
Nicht Wünsche noch Gedanken hegen,
Bis mir ein Flehen sich beginnt
Der ganzen Seele einzuprägen:
Ich bin zwar schwach, doch ist's ein Segen,
Dass überall, in mir, um mich,
Sind Kraft und Weisheit ewiglich.

Doch gestern sprach ich laut und klar
In Angst und Qual mein Flehen,
Erschreckt von einer Teufelsschar
Folternder Formen und Ideen:
Ein Volk in Aufruhr, greller Schein,
Gefühl von unsagbarer Pein,
Und die ich schmähte, stark allein.
Rachsucht, der schwache Wille noch
Verblüfft und weiter brennend doch!
Begier und Abscheu sind vermengt

On wild or hateful objects fixed.
Fantastic passions! maddning brawl!
And shame and terror over all!
Deeds to be hid which were not hid,
Which all confused I could not know
Whether I suffered, or I did:
For all seemed guilt, remorse or woe,
My own or others still the same
Life-stifling fear, soul-stifling shame.

So two nights passed: the night's dismay
Saddened and stunned the coming day.
Sleep, the wide blessing, seemed to me
Distemper's worst calamity.
The third night, when my own loud scream
Had waked me from the fiendish dream,
O'ercome with sufferings strange and wild,
I wept as I had been a child;
And having thus by tears subdued
My anguish to a milder mood,
Such punishments, I said, were due
To natures deepliest stained with sin, –
For aye entempesting anew
The unfathomable hell within,
The horror of their deeds to view,
To know and loathe, yet wish and do!
Such griefs with such men well agree,
But wherefore, wherefore fall on me?
To be beloved is all I need,
And whom I love, I love indeed.

An Dinge wild und wüst gehängt.
Lustfantasie! Verrückter Streit!
Überall Scham und Scheußlichkeit!
Versteckenswertes unversteckt,
Von dem verwirrt ich nicht erfuhr:
Erlitt ich, habe ich vollstreckt?
Alles schien Leid, Schuld, Reue nur,
Ob's mich, ob's andre überkam:
Würgende Angst, lähmende Scham.

Zweimal konnt ich nach solchem Grauen
Nur trüb ins Licht des Tages schauen.
Mir schien der Schlaf, so segensreich,
Ein seuchenhafter Schicksalsstreich.
Als schreiend ich die dritte Nacht
Aus diesem Albtraum aufgewacht,
In dem solch Schreckliches erscheint,
Hab ich nur wie ein Kind geweint;
Nachdem durch Tränen mir der Schmerz
Zu sanftrer Stimmung ward im Herz,
Da sprach ich, diese Strafen passen
Für Wesen schwer befleckt mit Sünde, –
Die immer neu entflammen lassen
Die tiefsten innren Höllengründe,
Ihr schlimmes Tun voll Ekel sehn,
Es dennoch wollen und begehn!
Die Pein ziemt solchen sicherlich,
Doch warum, warum trifft sie mich?
Geliebt zu sein, ich brauch nicht mehr,
Und wen ich lieb, den lieb ich sehr.

Phantom

All look and likeness caught from earth,
All accident of kin and birth,
Had pass'd away. There was no trace
Of aught on that illumined face,
Uprais'd beneath the rifted stone
But of one spirit all her own; –
She, she herself, and only she,
Shone through her body visibly.

Phantom

Gestalt und Schein von dieser Welt,
Was durch Geburt und Blut zufällt:
All das war fort. Die Spur von nichts
Lag mehr im Leuchten des Gesichts,
Erhoben unterm schroffen Stein,
Als die von ihrem Geist allein; –
Sie, ganz sie selbst, und nur sie, war
Durch ihren Leib hindurch sichtbar.

To William Wordsworth

COMPOSED ON THE NIGHT AFTER HIS RECITATION
OF A POEM ON THE GROWTH OF AN INDIVIDUAL
MIND

Friend of the wise! and Teacher of the Good!
Into my heart have I received that Lay
More than historic, that prophetic Lay
Wherein (high theme by thee first sung aright)
Of the foundations and the building up
Of a Human Spirit thou hast dared to tell
What may be told, to the understanding mind
Revealable; and what within the mind
By vital breathings secret as the soul
Of vernal growth, oft quickens in the heart
Thoughts all too deep for words! –

                                Theme hard as high!
Of smiles spontaneous, and mysterious fears
(The first-born they of Reason and twin-birth),
Of tides obedient to external force,
And currents self-determined, as might seem,
Or by some inner Power; of moments awful,
Now in thy inner life, and now abroad,
When power streamed from thee, and thy soul received

An William Wordsworth

VERFASST AM ABEND NACH SEINEM VORTRAG EINES
GEDICHTS ÜBER DIE ENTWICKLUNG EINES EIGENEN
GEISTES

Lehrer des Guten! Freund der Weisen, du!
In meinem Herz empfing ich dieses Lied
Mehr als historisch, seherisches Lied,
In dem (besungen erstmals recht von dir)
Vom Fundament und von der Aufrichtung
Des Menschengeistes du zu sagen wagst,
Was sagbar, was verständigem Gemüt
Enthüllbar ist; und oftmals im Gemüt
Durch Lebenshauch, verborgen wie die Seel
Des Frühlingsblühns, im Herz Gedanken weckt
Unsagbar tief! –

        Ein Thema hehr und schwer!
Von offnem Lächeln und geheimer Furcht
(Die ersten Zwillingskinder der Vernunft),
Von Fluten folgsam einer äußren Kraft,
Und Strömen scheinbar selbstbestimmt
Von innrer Macht; und von Ehrfurchtsmomenten,
Bald tief im Innern und bald außerhalb,
Als Kraft von dir ausfloss, und deine Seel

The light reflected, as a light bestowed –
Of fancies fair, and milder hours of youth,
Hyblean murmurs of poetic thought
Industrious in its joy, in vales and glens
Native or outland, lakes and famous hills!
Or on the lonely high-road, when the stars
Were rising; or by secret mountain-streams,
The guides and the companions of thy way!

Of more than Fancy, of the Social Sense
Distending wide, and man beloved as man,
Where France in all her towns lay vibrating
Like some becalmèd bark beneath the burst
Of Heaven's immediate thunder, when no cloud
Is visible, or shadow on the main.
For thou wert there, thine own brows garlanded,
Amid the tremor of a realm aglow,
Amid a mighty nation jubilant,
When from the general heart of human kind
Hope sprang forth like a full-born Deity!
– Of that dear Hope afflicted and struck down,
So summoned homeward, thenceforth calm and sure
From the dread watch-tower of man's absolute self,
With light unwaning on her eyes, to look
Far on – herself a glory to behold,
The Angel of the vision! Then (last strain)
Of Duty, chosen Laws controlling choice,
Action and joy! – An Orphic song indeed,
A song divine of high and passionate thoughts
To their own music chaunted!

Das reflektierte Licht geschenkt erhielt –
Von leichten Launen, sanfter Jugendzeit,
Süßem Gesumm poetischer Ideen
Voll Fleiß in ihrer Freud, in Tal und Schlucht
Heimisch wie fremd, berühmten Seen und Höhen!
Und auf verwaister Straße, wenn die Nacht
Bestirnt war; bei den Bergbächlein geheim,
Den Führern und Begleitern deines Wegs!

Von mehr als Launen, vom Gesellschaftssinn
Weit ausgedehnt, vom Mensch geliebt als Mensch,
Wo Frankreich in den Städten zitternd lag
So wie in Windesstille eine Bark
Beim jähen Donnerschlag, wenn kein Gewölk
Im Himmel hängt, kein Schatten auf der See.
Denn du warst dort, mit deiner Stirn bekränzt,
Mitten im Beben eines glühnden Reichs,
Mitten im Jubel eines starken Volks,
Als Hoffnung aus dem Herz der Menschheit sprang,
In voller Form geboren wie ein Gott!
– Von dieser Hoffnung, die betrübt, zerstört
Ward heimgeholt, seither in Sicherheit
Vom Wachturm aus des absoluten Selbst,
Mit stetem Licht in ihrem Blick, weit vor
Sich schaut – sie selber prächtig anzusehn,
Der Engel der Vision! Dann (letzter Teil)
Von selbstbeschlossner Satzung von Entschluss,
Von Tat und Freude! – Orphischer Gesang,
Ein Himmelslied voll feuriger Ideen,
Innig gesungen!

                              O great Bard!
Ere yet that last strain dying awed the air,
With stedfast eye I viewed thee in the choir
Of ever-enduring men. The truly great
Have all one age, and from one visible space
Shed influence! They, both in power and act,
Are permanent, and Time is not with them,
Save as it worketh for them, they in it.
Nor less a sacred Roll, than those of old,
And to be placed, as they, with gradual fame
Among the archives of mankind, thy work
Makes audible a linkéd lay of Truth,
Of Truth profound a sweet continuous lay,
Not learnt, but native, her own natural notes!
Ah! as I listened with a heart forlorn,
The pulses of my being beat anew:
And even as Life returns upon the drowned,
Life's joy rekindling roused a throng of pains –
Keen pangs of Love, awakening as a babe
Turbulent, with an outcry in the heart;
And fears self-willed, that shunned the eye of Hope;
And Hope that scarce would know itself from Fear;
Sense of past Youth, and Manhood come in vain,
And Genius given, and Knowledge won in vain;
And all which I had culled in wood-walks wild,
And all which patient toil had reared, and all,
Commune with thee had opened out – but flowers
Strewed on my corse, and borne upon my bier,
In the same coffin, for the self-same grave!

              Großer Barde du!
Noch eh der letzte hehre Vers verklang,
Erschaut ich dich mit festem Blick im Chor
Der Bleibenden. Von einer Ära sind
Die wahrhaft Großen, und sie wirken fort
In Sichtbarkeit! In Akt wie in Potenz,
Sind sie für immer, zeitlos, nur dass Zeit
Für sie arbeitet, da sie in ihr ruhn.
Nicht minder heiliges Buch, als die von einst,
Am rechten Ort, mit immer größrem Ruhm,
In dem Archiv der Menschheit, macht dein Werk
Den Liederkreis der Wahrheit wahrnehmbar,
Der tiefen Wahrheit süßes stetes Lied,
Nicht angelernt, in Tönen der Natur!
Ach! als ich lauschte mit verzagtem Herz,
Da schlug der Puls von meinem Sein erneut:
Wie Leben zum Ertrunknen wiederkehrt,
Schuf die geweckte Lebensfreude Pein –
Stiche der Liebe, wie ein Kind erwacht
In Ungestüm, ein Schrei in seinem Herz;
Und sture Angst, die alle Hoffnung mied;
Und Hoffnung, die kaum andres ist als Angst;
Gefühl von Jugendzeit vertan umsonst,
Wissen erlangt, Genie geschenkt umsonst;
Und alles, was ich fand am Waldweg wild,
Und alles, was Geduld gehegt, und was
Verkehr mit dir freilegte – Blumen nur,
Auf meiner aufgebahrten Leich verstreut,
Zum selben Sarg gebracht, ins selbe Grab!

That way no more! and ill beseems it me,
Who came a welcomer in herald's guise,
Singing of Glory, and Futurity,
To wander back on such unhealthful road,
Plucking the poisons of self-harm! And ill
Such intertwine beseems triumphal wreaths
Strew'd before thy advancing!

                        Nor do thou,
Sage Bard! impair the memory of that hour
Of thy communion with my nobler mind
By pity or grief, already felt too long!
Nor let my words import more blame than needs.
The tumult rose and ceased: for Peace is nigh
Where Wisdom's voice has found a listening heart.
Amid the howl of more than wintry storms,
The Halcyon hears the voice of vernal hours
Already on the wing.

                    Eve following eve,
Dear tranquil time, when the sweet sense of Home
Is sweetest! moments for their own sake hailed
And more desired, more precious, for thy song,
In silence listening, like a devout child,
My soul lay passive, by thy various strain
Driven as in surges now beneath the stars,
With momentary stars of my own birth,
Fair constellated foam, still darting off
Into the darkness; now a tranquil sea,
Outspread and bright, yet swelling to the moon.

Nicht weiter so! es ziemt sich schlecht für mich,
Der dich im Heroldskleid willkommen hieß,
Singend von Ehre und Zukünftigkeit,
Solch ungesunden Weg zurückzugehn,
Das Gift des Selbstangriffs zu pflücken! Auch
Ziemt die Vermischung Siegeskränzen schlecht
Gestreut vor deinem Vormarsch!

                              Schwäche nicht,
Du weiser Barde! die Erinnerung
An die Gesellschaft meines besseren Geists
Durch Beileid, viel zu lange schon verspürt!
Und mög mein Tadel nicht zu bitter sein.
Der Aufruhr schwoll und sank: Die Ruhe naht,
In der ein Herz das Wort der Weisheit hört.
In lautrem Heulen als vom Wintersturm,
Vernimmt der Eisvogel des Frühlings Stimm
Bereits im Flug.

                Abend um Abend lang,
So teure stille Zeit, wenn trautes Heim
Noch trauter scheint! für sich allein geschätzt,
Noch mehr begehrt und kostbar durch dein Lied,
Lauschte ich schweigend wie ein frommes Kind,
Lag meine Seele träg, von deinem Sang
Nun zu den Sternen wogend hingelenkt,
Auch Sternen flüchtig von mir selbst erzeugt,
Ein schön geformter Schaum, der eilig fort
Ins Dunkel schießt; und nun ein stilles Meer,
Strahlend und weit, doch schwellend bis zum Mond.

And when – O Friend! my comforter and guide!
Strong in thyself, and powerful to give strength! –
Thy long sustainéd Song finally closed,
And thy deep voice had ceased – yet thou thyself
Wert still before my eyes, and round us both
That happy vision of belovéd faces –
Scarce conscious, and yet conscious of its close
I sate, my being blended in one thought
(Thought was it? or aspiration? or resolve?)
Absorbed, yet hanging still upon the sound –
And when I rose, I found myself in prayer.

Und als – O Freund! mein Lotse und mein Trost!
Selbst stark und fähig Stärke zu verleihn! –
Dein langes Lied zuletzt ein Ende fand,
Und deine tiefe Stimme schloss – doch du
Noch immer vor mir warst, und rund um uns
Das Bild all der Gesichter so geliebt –
Saß ich in Ohnmacht, doch bewusst des Ends,
Mein Sein in einen Einfall eingemengt
(War's Einfall? war's Bestreben? war's Entschluss?)
Vertieft, und hing dem Klang noch immer nach –
Und als ich stand, fand ich mich im Gebet.

Psyche

The butterfly the ancient Grecians made
The soul's fair emblem, and its only name –
But of the soul, escaped the slavish trade
Of mortal life! – For in this earthly frame
Ours is the reptile's lot, much toil, much blame,
Manifold motions making little speed,
And to deform and kill the things whereon we feed.

Psyche

Der Schmetterling – den alten Griechen schien
Er schönes Bild der Seele, gar benannt
Ward sie nach ihm – vermocht das Joch zu fliehn
Des sterblich Lebens! Denn im Erdgewand
Sind wir dem Kriechtier gleich, viel Fron, viel Schand,
Viel Windung, welche Fortschritt kaum beschert,
Und töten und entstellen das, was uns ernährt.

Work without Hope

LINES COMPOSED 21ST FEBRUARY 1825

ALL Nature seems at work. Slugs leave their lair –
The bees are stirring – birds are on the wing –
And Winter slumbering in the open air,
Wears on his smiling face a dream of Spring!
And I the while, the sole unbusy thing,
Nor honey make, nor pair, nor build, nor sing.

   Yet well I ken the banks where amaranths blow,
Have traced the founts whence streams of nectar flow.
Bloom, O ye amaranths! bloom for whom ye may,
For me ye bloom not! Glide, rich streams, away!
With lips unbrightened, wreathless brow, I stroll:
And would you learn the spells that drowse my soul?
Work without Hope draws nectar in a sieve,
And Hope without an object cannot live.

Werk ohne Hoffnung

VERFASST AM 21. FEBRUAR 1825

Alle Natur am Werk. Schnecken im Freien –
Vögel im Flug – die Bienen bei der Pflicht –
Am Himmel draußen schläft der Winter ein,
Den Frühlingstraum im lachenden Gesicht!
Derweil nur ich allein kein Werk verricht,
Ich sammle, paare, baue, singe nicht.
   Wohl weiß ich, wo der Amarant aufsprießt,
Und kenn den Quell, von dem der Nektar fließt.
Blüh, Amarant! Blüh, wem du kannst: nicht mir!
O reiche Ströme, gleitet fort von hier!
Ich zieh, Mund glanzlos, unbekränzt, durchs Land:
Wisst ihr, was mir die Seel zur Trägheit bannt?
Werk ohne Hoffnung sucht Nektar zu sieben,
Und Hoffnung ohne Ziel ist nie geblieben.

Epitaph

Stop, Christian passer-by! – Stop, child of God,
And read with gentle breast. Beneath this sod
A poet lies, or that which once seem'd he.
O, lift one thought in prayer for S.T.C.;
That he who many a year with toil of breath
Found death in life, may here find life in death!
Mercy for praise – to be forgiven for fame
He ask'd, and hoped, through Christ. Do thou the same!

Grabinschrift

Halt, Gottes Kind! – Halt, christlicher Passant,
Und lies mit mildem Sinn. Sein Grab hier fand
Ein Dichter, oder das, was er einst schien.
Für S.T.C., oh bitt um eins für ihn;
Dass er, der fand in langer Plag und Not
Den Tod im Leben, Leben find im Tod!
Gnade statt Lob – statt Ansehn Seelenruh,
Erhoffte er durch Christus. Hoff auch du!

Anmerkungen

Die Originaltexte folgen, mit Ausnahme von »Frost at Midnight«, der von Ernest Hartley Coleridge herausgegebenen Ausgabe der *Poetical Works* von 1912. »Frost at Midnight« folgt dem Erstabdruck der Quarto-Broschüre von 1798.

Sonett an den Fluss Otter (Sonnet to the River Otter)
Erstmals 1797 veröffentlicht in Coleridges zweitem Gedichtband *Poems* und in alle folgenden Gedichtausgaben zu Coleridges Lebzeiten aufgenommen (1803, 1817, 1828, 1829 und 1834). Entstehung vermutlich 1793.

Coleridges Geburtsstadt Ottery St. Mary liegt am Fluss Otter in Devonshire im Südwesten Englands. Nach dem Tod seines Vaters wurde er im Alter von neun Jahren nach London in ein Internat geschickt.

An den Verfasser der *Räuber* (To the Author of the *Robbers*)
Erstmals veröffentlicht in Coleridges Debüt *Poems* 1796 und in alle Gedichtausgaben außer *Sibylline Leaves* (1817) aufgenommen. Entstanden vermutlich um 1794.

In den ersten beiden Ausgaben erklärt Coleridge in einer »Notiz«: »Als ich eines Nachts im Winter das Zimmer eines Studienkollegen verließ, mit dem ich zu Abend gegessen hatte, nahm ich achtlos *Die Räuber* mit, ein Drama, von dem ich zuvor noch nicht einmal den Namen je gehört hatte: – Mitternacht im Winter – starker Wind – und zum ersten Mal *Die Räuber!* – Schillers Leser werden verstehen, was ich empfand. Schiller führt keine übernatürlichen Wesen ein; doch seine Menschen erschüttern und erstaunen mehr als das ganze Koboldspersonal – sogar von Shakespeare.«

Zeilen 2 bis 4 spielen auf den verhungernden alten Vater von Karl Moor an, der im 5. Akt von Friedrich Schillers Drama von 1781 aus dem Gefängnisturm befreit wird.

Die Äolsharfe (The Eolian Harp)
Erstmals veröffentlicht 1796 im Debütband *Poems* und in alle folgenden Sammlungen aufgenommen. Seinen endgültigen Titel erhielt das Gedicht erst ab *Poems* 1797. In der Erstausgabe lautete die Überschrift »Effusion XXXV. Composed August 20th, 1795, At Clevedon Somersetshire«. Eine zentrale Änderung erfuhr das Gedicht 1817 mit dem Einschub der acht berühmten Zeilen 26 bis 33 (»O! the one life within us ...«, etc.).

Coleridge heiratete am 4. Oktober 1795 Sara Fricker, und das Paar bezog ein kleines Haus in Clevedon mit Blick auf den Bristolkanal, die Meerenge zwischen Somerset und Wales. Die Äolsharfe (nach dem antiken Windgott Aeolus) oder Windharfe ist ein Saiteninstrument mit einem rechteckigen Klangkörper und einigen Saiten. Im Freien installiert, etwa in Fensterlaibungen geklemmt, entlocken die Windstöße dem Instrument seine Klänge.

Betrachtungen nach Verlassen eines Rückzugsorts
(Reflections on Having Left a Place of Retirement)
Erstabdruck im Oktober 1796 im *Monthly Magazine* und ab *Poems* 1797 in alle Gedichtausgaben aufgenommen. In der ursprünglichen Version lautete der Titel »Recollections on entering into active life. A Poem which affects not to be Poetry«, »Erinnerungen an den Eintritt ins tätige Leben. Ein Gedicht, das sich nicht als Dichtung ausgibt.« Dieser Titel, und auch das Horaz-Motto, das korrekt eigentlich »sermoni propiora« (»näher bei einem Gespräch«) lauten müsste, zeigen Coleridges Absicht, einen zwanglosen, konversationellen lyrischen Stil zu schaffen.

Das Gedicht knüpft an die »Eolian Harp« an. Es bezieht sich auf dasselbe Zuhause und dieselbe Umgebung, welche Sara und S.T. Coleridge im Frühling 1796 bereits wieder verlassen hatten. Der »channel« in Zeile 36 ist der Bristolkanal, eigentlich eine Meerenge. »Howard« (Zeile 49): John Howard (1726–1790) war ein englischer Erneurer des Gefängniswesens, der sich für menschlichere Haftbedingungen einsetzte.

Die Lindenlaube mein Kerker (This Lime-Tree Bower My Prison)
Erstmals veröffentlicht in der *Annual Anthology*, 1800, mit dem Untertitel »A Poem Addressed to Charles Lamb, of the India House, London«. Ab 1817 nahm Coleridge das Gedicht in alle Gedichtausgaben auf. Die erwähnten Freunde sind William Wordsworth und seine Schwester Dorothy sowie Charles Lamb. Die Wordsworths waren gerade, mit Coleridges Unterstützung, in ein Anwesen in Alfoxden gezogen, vier Meilen

entfernt von Nether Stowey am Fuß der Quantock Hills, wo Coleridge mit seiner Familie wohnte. Charles Lamb, sein ehemaliger Internatskollege, war für eine Woche aus London zu Besuch.

In einem Brief vom 17. Juli 1797 an Robert Southey zitiert Coleridge sein Gedicht und erzählt: »Charles Lamb war für eine Woche bei mir – am Freitagmorgen reiste er ab. – Am zweiten Tag, nachdem Wordsworth zu mir gekommen war, goss mir die liebe Sara versehentlich eine Pfanne kochender Milch über den Fuß, was mich während C. Lambs ganzem Aufenthalt entschränkte & immer noch von allen Spaziergängen über einer Achtelmeile abhält. – Während Wordsworth, seine Schwester & C. Lamb eines Abends fort waren, saß ich in der Laube von T. Pooles Garten, der mit meinem verbunden ist, und schrieb diese Zeilen, mit denen ich zufrieden bin.«

Zeile 30: Die große Stadt ist London, »gepfercht« war Lamb in die Internatsschule Christ's Hospital, zusammen mit Coleridge. Eine ähnliche Formulierung bezieht er in »Frost at Midnight« auf sich selbst. Das »Unglück« (Zeile 32) war, dass Lambs Schwester Mary, der er sehr nahestand, 1796 in einem Anfall von Geisteskrankheit die Mutter erstach.

Zeile 74: Ab 1817 kommentierte Coleridge diese Zeile mit der Fußnote: »Einige Monate, nachdem ich diese Zeile geschrieben hatte, stellte ich erfreut fest, dass Bartram [d. i. der US-Naturforscher William Bartram] denselben Sachverhalt beim Savannenkranich beobachtet hatte. ›Wenn diese Vögel ihre Schwingen im Flug bewegen, sind ihre Schläge langsam, moderat und regelmäßig; und sogar aus beträchtlicher Distanz oder weit über uns hören wir die Kielfedern deutlich: Ihre

Stiele und Gewebe knarren aneinander wie die Fugen oder Arbeiten eines Schiffs auf stürmischer See.‹«

Frost um Mitternacht (Frost at Midnight)
Erstveröffentlichung 1798 in einer Broschüre im Quartformat gemeinsam mit »Fears in Solitude« und »France: An Ode«. Ab 1817 nahm Coleridge das Gedicht in alle Sammlungen auf. Er datierte es auf »Februar 1798«. Im vorliegenden Band wird in diesem Fall ausnahmsweise nicht die Ausgabe aus letzter Hand, sondern die erste verwendet, weil sie die längste und ergiebigste ist. Gegenüber der Quarto-Version werden die Zeilen 20 bis 29 auf verschiedene Varianten eingekürzt und die letzten sechs Zeilen ganz weggelassen.

Coleridges ältester Sohn Hartley war im September 1796 zur Welt gekommen. Zu »Only that film« (Zeile 15) schrieb Coleridge in der Quarto-Ausgabe eine Fußnote: »Man nennt diese Filme in allen Teilen des Königreichs *Fremde* und nimmt an, dass sie auf die Ankunft eines abwesenden Freundes hindeuten.« Der »strenge Lehrer« (Zeile 42) ist James Bowyer, der Rektor von Christ's Hospital. Coleridges einzige Schwester (Zeilen 47–48), genannt Nancy, war bereits 1791 gestorben.

Ängste in Einsamkeit (Fears in Solitude)
Erstpublikation 1798 in der Quarto-Broschüre gemeinsam mit »Frost at Midnight« und »France: An Ode«, ab 1817 Aufnahme in alle Gedichtbände. Zeilen 129 bis 197 wurden am 14. Oktober 1802 in der *Morning Post* und am 8. Juni 1809 in der zweiten Ausgabe von Coleridges Zeitschrift *The Friend* abgedruckt, mit dem Ziel zu beweisen, dass seine frühen Texte »nicht die

geringste Neigung zur Religionslosigkeit, Unmoral oder zum Jakobinismus« hätten.

Die Zeilen 53 bis 60 entstanden für die Ausgabe von 1817 und sind eine Erweiterung des ursprünglichen Texts, welche die politische Haltung ihres Sprechers neu verortet. Mit den »Vereinen und Gesellschaften« greift Coleridge revolutionsfreundliche Kreise an und distanziert sich somit schärfer von diesen, als es die frühere Version getan hatte, in der mit der »Beschmutzung aus des Reichtums vollem Kelch« vor allem die Korruption gegeißelt wurde. Das »Wohnhaus meines Freunds« in Zeile 223 ist das Haus von Thomas Poole in Nether Stowey, seinem Nachbarn und Vermieter.

Die Nachtigall (The Nightingale)
Erstmals veröffentlicht 1798 in der ersten Ausgabe von *Lyrical Ballads*, und auch in deren folgenden Ausgaben. Aufnahme in alle Gedichtbände Coleridges ab 1817. Der Untertitel lautete 1798 »a Conversational Poem, written in April 1798«, »Conversation Poem« wurde ab 1817 verwendet. Der Ausdruck »Conversation Poems« setzte sich als Bezeichnung der Gruppe von meditativ-deskriptiven Blankversgedichten durch, zu denen wichtigstem Kern die sechs Stücke gehören, welche »The Nightingale« hier beschließt.

Zum Zitat »Most musical, most melancholy« (Zeile 13) schrieb Coleridge eine Fußnote: »Diese Passage ist bei Milton von einer Trefflichkeit, die weit über eine bloße Beschreibung hinausgeht; sie ist in der Rolle des melancholischen Menschen gesprochen und daher *dramatisch* angemessen. Der Autor merkt dies an, um sich vom Vorwurf zu befreien, er habe sich in leichtsinniger Weise auf Milton bezogen; kein Vorwurf könnte schmerzlicher für ihn sein, außer vielleicht derjenige, die Bibel verhöhnt zu haben.« »Philomela« (39) spielt auf den klassischen Mythos an, in dem Tereus Philomela vergewaltigt und ihr die Zunge herausschneidet, damit sie ihn nicht verraten kann. Sie wird am Ende in eine Nachtigall verwandelt. Mit »Mein Freund, und unsre Schwester« (40) sind William und Dorothy Wordsworth gemeint. »Mein lieber Bub« (91) ist der anderthalb Jahre alte Sohn Hartley.

Die Ballade vom alten Seemann (The Rime of the Ancient Mariner)
Erstmals veröffentlicht in *Lyrical Ballads*, 1798, ohne Nennung des Autors. In den folgenden Ausgaben der *Lyrical Ballads* erfuhr der Text zahlreiche Änderungen. Ab 1817 nahm ihn Coleridge in seine eigenen Gedichtbände auf. Im Vorfeld der Publikation in *Sibylline Leaves*, 1817, entstanden die Randglossen.

In der zweiten Ausgabe der *Lyrical Ballads* (1800) ist der Ballade eine kurze Inhaltsangabe (»Argument«) vorangestellt: »Wie ein Schiff den Äquator überquerte und von Stürmen in die kalte Gegend in Richtung Südpol getrieben wurde; und wie es von dort Kurs auf die tropische Breite des großen Pazifiks nahm; und von den seltsamen Dingen die geschahen; und auf welche Weise der alte Seemann zurück in sein Heimatland kam.«

1817 ersetzte Coleridge seine Inhaltsangabe mit einem lateinischen Motto, ein abgewandeltes Zitat aus Thomas Burnets *Archaelogiae Philosophicae sive Doctrina Antiqua De Rerum Originibus* (London, 1692): »Ich glaube gern, dass es im Weltall mehr unsichtbare als sichtbare Wesen gibt. Aber wer wird uns den Stamm all dieser Dinge darlegen? und die Stellungen, Verwandtschaften, Unterschiede und Aufgaben jedes Einzelnen? Was treiben sie? welche Orte bewohnen sie? Der menschliche Geist hat die Kenntnis dieser Dinge immer gesucht, doch niemals berührt. Ich leugne nicht, dass es unterdessen hilft, manchmal im Gedanken, gleichsam auf einer Tafel, das Bild einer größeren und besseren Welt zu betrachten: Damit sich der Verstand, an die Kleinigkeiten des täglichen Lebens gewöhnt, nicht zu sehr einengt und gänzlich in kleinlichen Überlegungen versinkt. Doch wir müssen zugleich wachsam sein für die Wahrheit und den Maßstab wahren, damit wir das Gewisse vom Ungewissen, den Tag von der Nacht zu unterscheiden vermögen.«

Christabel
Erstmals veröffentlicht 1816 als Broschüre im Oktavformat zusammen mit »Kubla Khan« und »The Pains of Sleep« und erst ab 1828 in Coleridges Gedichtausgaben aufgenommen. Coleridge hatte Wordsworth und seiner Schwester am 4. Oktober 1800 die zwei Teile seiner Ballade vorgestellt, das in die zweite Ausgabe der *Lyrical Ballads* aufgenommen werden sollte. Obwohl seine Hörer offenbar beeindruckt waren, schrieb Dorothy zwei Tage später knapp in ihr Tagebuch: »beschlossen, Christabel nicht mit den LB zu drucken«.

Der Ausschluss der Ballade hatte einen wesentlichen Anteil an Coleridges zunehmenden Zweifeln an seinen dichterischen Fähigkeiten. Über die Gründe gibt es verschiedene Mutmaßungen. Eine betrifft die Unfertigkeit, eine andere die große

Länge des Gedichts im Verhältnis zu Wordsworths Beiträgen. Schließlich besteht ein großer Gegensatz von Coleridges Dichtung des Übernatürlichen zu Wordsworths Szenen aus dem einfachen Leben (den allerdings schon der »Ancient Mariner« geschaffen hatte). Denkbar ist auch, dass sich Wordsworth an Fragen der Sittlichkeit gestoßen hat, obwohl die potenzielle Obszönität (etwa durch die Evokation lesbischer Sexualität) in der zeitgenössischen Diskussion kein Thema war.

In den 16 Jahren ihrer Existenz als Manuskript-Gedicht übte die Ballade einigen Einfluss durch mündliche Überlieferung. Walter Scott hatte »Christabel« gehört; Lord Byron hatte Scott Teile davon zitieren gehört; und von Percy Shelley wird berichtet, dass ihn bei Byrons Rezitation in der Villa Diodati am Genfersee das Grausen gepackt hatte. Byron war es schließlich, der seinen Verleger zur Veröffentlichung der Ballade überzeugt hatte. Die Rezeption des gedruckten Gedichts, unter anderem durch William Hazlitt, fiel allerdings negativ aus.

In allen Veröffentlichungen war der Ballade das folgende »Preface« vorangestellt:

»Der erste Teil des folgenden Gedichts wurde im Jahr 1797 in Stowey in der Grafschaft Somerset geschrieben, der zweite Teil nach meiner Rückkehr aus Deutschland im Jahr 1800 in Keswick, Cumberland. Wenn das Gedicht in einer dieser Phasen fertiggestellt, oder wenn der erste und zweite Teil im Jahr 1800 veröffentlicht worden wäre, dann wäre der Eindruck der Originalität wahrscheinlich viel größer gewesen, als ich in diesem Moment zu hoffen wage. Doch die Schuld dafür kann ich nur meiner eigenen Trägheit zuschreiben. Die Daten werden einzig aus dem Grund erwähnt, um dem Vorwurf des Plagiats oder der sklavischen Selbstimitation zuvorzukommen. Denn es gibt eine Reihe von Kritikern unter uns, die der Ansicht zu sein scheinen, dass jeder mögliche Gedanke und jedes mögliche Bild überkommen ist; die keine Vorstellung davon haben, dass es so etwas wie Quellen in der Welt gibt, kleine wie auch große; und die deswegen jedes Rinnsal, das sie fließen sehen, großzügig von der Perforation des Tanks eines anderen Mannes herleiten würden. Was das vorliegende Gedicht angeht, bin ich allerdings überzeugt, dass die gefeierten Dichter, deren Schriften ich, entweder in bestimmten Abschnitten oder im Ton und Geist des Ganzen, nachgeahmt zu haben verdächtigt werden könnte, unter den ersten wären, die mich von dem Vorwurf verteidigen würden, und dass sie mir mit Blick auf irgendeine auffällige Übereinstimmung erlauben würden, mich mit dieser holprigen Version zweier mönchischer Hexameter aus dem Lateinischen an sie zu wenden.

'S ist meins und gleichfalls ist es deins;

Aber wenn's nicht recht ist so;

Sei's meins, du guter Freund! denn ich

Bin der Ärmste von uns zwo.

Mir bleibt nur hinzuzufügen, dass das Metrum von Christabel streng genommen nicht unregelmäßig ist, obwohl es so scheinen könnte, weil es auf einem neuen Prinzip gegründet ist: Nämlich, dass in jeder Zeile die Betonungen gezählt werden, nicht die Silben. Obwohl die letzteren von sieben bis zwölf variieren können, werden dennoch in jeder Zeile nur vier Betonungen zu finden sein. Diese gelegentliche Variation der Silbenzahl wird indessen nicht aus Liederlichkeit oder bloßer Bequemlichkeit eingeführt, sondern in Verbindung mit

Übergängen in der Wesensart der Bildlichkeit oder Leidenschaft.«

344–359: »Bratha Head«, »Wyndermere«, »Langdale Pike«, »Witch's Lair«, »Dungeon-ghyll« und »Borodale« beziehen sich auf tatsächliche Orte im nordenglischen Lake District, ebenso »Knorren Moor« und »Halegarth Wood« (495).

Kubla Khan

1816 erstveröffentlicht gemeinsam mit »Christabel« und »The Pains of Sleep«. Aufnahme in die Gedichtausgaben ab 1828. Es gibt Hinweise darauf, dass die Entstehung des Gedichts auf Sommer 1798 zu datieren ist – nicht Sommer 1797, wie er in der viel später verfassten Einleitung schreibt, die dem Gedicht in allen Ausgaben vorangestellt wurde:

»Das folgende Fragment wird hier auf Wunsch eines Dichters von großer und verdienter Berühmtheit veröffentlicht [Lord Byron], und, was die eigene Meinung des Autors angeht, eher als psychologisches Kuriosum denn wegen irgendwelcher vermeintlicher poetischen Verdienste.

Im Sommer des Jahres 1797 hatte sich der Autor, damals bei schlechter Gesundheit, in ein abgelegenes Bauernhaus zwischen Porlock und Linton, im Exmoor-Grenzgebiet zwischen Somerset und Devonshire, zurückgezogen. Aufgrund einer leichten Unpässlichkeit war ein Schmerzmittel verschrieben worden, von dessen Wirkung er in seinem Stuhl einschlief, während er gerade den folgenden Satz, oder Worte desselben Inhalts, in »Purchas's Pilgrimage« las: »Hier befahl der Khan Kubla den Bau eines Palastes, und außerdem eines prächtigen Gartens. Und so wurden zehn Meilen fruchtbarer Boden mit einer Mauer eingefriedet.« Der Autor verharrte während etwa drei Stunden in einem tiefen Schlaf, zumindest der äußeren Sinne, und er ist während dieser Zeit der lebhaftesten Überzeugung, dass er nicht weniger als zwischen zwei- und dreihundert Zeilen verfasst haben konnte; wenn dies denn tatsächlich Verfassen genannt werden kann, bei dem alle Bilder als *Gegenstände* vor ihm emporstiegen, mit paralleler Anfertigung der entsprechenden Ausdrücke, ohne die Empfindung oder das Bewusstsein einer Anstrengung. Beim Aufwachen schein ihm, er habe eine deutliche Erinnerung an das Ganze, und er nahm Feder, Tinte und Papier und schreib unverzüglich und eifrig die Zeilen nieder, die hier erhalten sind. In diesem Moment wurde er unglücklicherweise von einem Geschäftsmann aus Porlock herausgerufen und über eine Stunde lang aufgehalten. Zurück in seinem Zimmer, stellte er zu seiner nicht kleinen Überraschung und Demütigung fest, dass er zwar eine vage und schwache Erinnerung vom allgemeinen Inhalt der Vision behalten hatte, aber dass mit Ausnahme von etwa acht oder zehn vereinzelten Zeilen und Bildern der ganze Rest vergangen war wie die Bilder auf der Oberfläche eines Flusses, in den ein Stein geworfen wurde, aber ach! ohne die anschließende Wiederherstellung der Letzeren!

> Die ganze Zauberei
> Bricht ab – die ganze Geisterwelt so hold
> Verfliegt, und tausend Kreislein spreizen sich,
> Einander quetschend. Armer junger Mann,
> Verweil! der kaum den Blick zu heben wagst –
> Der Fluss ist bald aufs Neue glatt, bald kehrn
> Die Traumesbilder wieder! Sieh, er bleibt,

> Und bald sind schwache Stückchen hübscher Form
> Zittrig zurück, vereinigt, und der Teich
> Wird wieder Spiegel.

Aus den Erinnerungen, die in seinem Gedächtnis erhalten geblieben sind, hat der Autor dennoch oft beabsichtigt, für sich selbst fertigzustellen, was ihm ursprünglich sozusagen geschenkt wurde. Αὔριον ἄδιον ἄσω: aber das Morgen steht noch aus.

Als Kontrast zu dieser Vision habe ich ein Fragment von ganz anderer Art beigefügt, das den Traum von Schmerz und Krankheit mit gleicher Redlichkeit beschreibt.«

Coleridge zitiert, wohl aus dem Gedächtnis, aus Samuel Purchas Reisebuch *Purchas his Pilgrimage* von 1613, in dem von Kublai Khan, dem Mongolenherrscher und Kaiser von China und seinem Palastbau zu Xanadu (bzw. Xamdu oder Shangdu) im 13. Jahrhundert erzählt wird. »Die ganze Zauberei ...«: Zeilen 91 bis 100 aus Coleridges Gedicht »The Picture; or, the Lover's Revolution«. Der griechische Satz ist ein ungefähres Theokrit-Zitat: »Morgen werde ich Süßeres singen.«

Alph (3) verweist auf den griechischen Fluss und den Mythos um den Flussgott Alpheios. Milch und Honig (53–54) spielt auf Platons Dialog *Ion* an, in dem die Dichter mit rasenden Bacchanten verglichen werden.

Frankreich: Eine Ode (France: An Ode)
Erstmals veröffentlicht am 16. April 1798 in der Londoner Zeitung *Morning Post*, für die Coleridge auch als politischer Kommentator tätig war. Im selben Jahr Publikation in der Quarto-Broschüre mit »Frost at Midnight« und »Fears in Solitude«.

Am 14. Oktober 1802 erneuter Abdruck in der *Morning Post*. Ab 1817 Aufnahme in alle Gedichtbände. Beim Erstabdruck lautete der Titel »The Recantation: An Ode« (»Der Widerruf«), und in der *Biographia Literaria* zitierte Coleridge daraus unter der Bezeichnung »France: A Palinodia« (»Eine Palinodie«, d.h. ein dichterischer Widerruf).

In einer redaktionellen Vorbemerkung, möglicherweise aus Coleridges Feder, heißt es 1798 in der *Morning Post*: »Die folgende ausgezeichnete Ode wird mit den Gefühlen aller Freunde der Freiheit und Feinde der Unterdrückung im Einklang sein; all jener, welche die Französische Revolution zwar bewundern, aber das Vorgehen Frankreichs gegenüber der Schweiz verabscheuen und missbilligen.«

Beim Wiederabdruck 1802 wurden dem Gedicht die folgende Anmerkung mit der »Erörterung« des Inhalts vorangestellt:

»Die folgende Ode wurde (am Anfang des Jahres 1798) in dieser Zeitung erstmals abgedruckt, in einem weniger vollendetem Zustand. Der gegenwärtige Zustand in Frankreich und der Schweiz verleihen ihr eine solch eigentümliche Bedeutung für unsere Zeit, dass wir sie neu veröffentlichen wollten und entsprechend vom Autor eine korrigierte Fassung besorgt haben.

ERÖRTERUNG.

›*Erste Strophe*. Eine Anrufung jener Gegenstände der Natur, deren Betrachtung den Dichter mit einer andachtsvollen Liebe zur Freiheit inspiriert hatten. *Zweite Strophe*. Der Jubel des Dichters zum Beginn der Französischen Revolution und seine uneingeschränkte Abscheu vor der Allianz gegen die Republik. *Dritte Strophe*. Die Blasphemien und Gräuel während der Herrschaft der Terroristen, vom Dichter als vorüberziehender Sturm und als natürliche Folge der vorherigen Despotie und des widerlichen papistischen Aberglaubes betrachtet. Die Vernunft begann gewiss, viele Befürchtungen nahezulegen; doch der Dichter bemühte sich noch immer, die Hoffnung zu wahren, dass Frankreich seine Eroberungen auf keine andere Weise machen würde, als indem es Europa ein Volk vorstellte, das glücklicher und gebildeter sei als unter anderen Regierungsformen. *Vierte Strophe*. Die Schweiz und der Widerruf des Dichters. *Fünfte Strophe*. Eine Ansprache an die Freiheit, in welcher der Dichter seine Überzeugung ausdrückt, dass jene Gefühle und das großartige *Ideal* der Freiheit, die der Geist durch die Betrachtung ihres individuellen Wesens und der umliegenden erhabenen Gegenstände (siehe erste Strophe) erlangt, nicht den Menschen als Gesellschaft gehören, und unmöglich unter irgendeiner menschlichen Regierungsform befriedigt oder verwirklicht werden können; sondern dem einzelnen Menschen gehören, insofern er rein und in Liebe und Verehrung Gottes in der Natur entflammt ist.«"

Coleridge datierte die Entstehung in der Quarto-Broschüre und in *Sibylline Leaves* auf »Februar 1798«. Der französische Einmarsch in die Schweiz, der Anlass für die Palinodie ist, erfolgte jedoch erst im März.

30–31: Preußen und Österreich erklärten Frankreich 1792 den Krieg, 1793 schloss sich Großbritannien der Allianz an.

Schwermut: Eine Ode (Dejection: An Ode)
Erstmals veröffentlicht in der *Morning Post* am 4. Oktober 1802 und ab 1817 in Coleridges Gedichtbände aufgenommen. Die

Ode ist aus einem Manuskriptgedicht entstanden mit der ursprünglichen Überschrift »A Letter to —, April 4, 1802. Sunday Evening«. In diesem Brief-Gedicht war die Adressatin »Sara« d. i. Sara Hutchinson, die Schwester von Mary Hutchinson, die am 4. Oktober 1802 William Wordsworths Ehefrau wurde. In einer späteren Briefversion änderte Coleridge den Adressaten zu »William« bzw »Wordsworth«, und in der *Morning Post*-Version zu »Edmund«, und schließlich zu »Lady«.

»Genial spirits« (39): »Genial« ist hier in einer heute obsoleten Bedeutung des Worts zu verstehen: genialisch, zum Genie gehörig.

Am Schluss des Gedichts stand in der *Morning Post* die Signatur »ΕΣΤΗΣΕ«, die Coleridge wiederholt verwendete: Die griechische Ausformulierung seiner Initialen STC.

Hymnus vor Sonnenaufgang, im Tal von Chamonix (Hymn befor Sun-rise, in the Vale of Chamouni)
Ersmtals veröffentlicht am 11. September 1802 in der *Morning Post*, unter dem Titel »Chamouny; The Hour Before Sunrise. A Hymn«. Ab 1817 in Coleridges Gedichtbände aufgenommen.

In der *Morning Post* wurde dem Gedicht die folgende Bemerkung vorangestellt:

»Chamouni ist eines der höchsten Bergtäler im Herrschaftsgebiet von Faucigny in den Savoyer Alpen und stellt eine Art Märchenwelt zur Schau, in welcher sich die wildesten Erscheinungen (fast möchte ich sagen Schrecknisse) der Natur mit den sanftesten und schönsten abwechseln. Die Mont-Blanc-Kette bildet seine Grenze; und nebst der Arve ist es mit Klängen des Arveiron erfüllt, der von den schmelzenden Gletschern her braust, wie ein Gigant verrückt vor Freude aus einem Gefängnis, und weitere Sturzbäche aus Schneewasser bildet, die ihre Entstehung in den talwärts geneigten Gletschern haben. Die schöne *Gentiana Major*, oder der große Enzian, mit Blüten von hellstem Blau, wächst in großen Gruppen ein paar Schritte vom niemals schmelzenden Eis der Gletscher. Ich sah es als rührendes Sinnbild für die Kühnheit der menschlichen Hoffnung, die sich nahe an den Rand des Grabes wagt und sozusagen über ihn hinauslehnt. In der Tat muss das ganze Tal mit all seinem Licht und all seinem Klang jeden Geist beeindrucken, der nicht völlig abgestumpft gegen den Gedanken ist – Wer *wollte*, wer *könnte* ein Atheist sein in diesem Tal der Wunder! Falls je Leser der MORNING POST auf ihren Reisen durch die Alpen dieses Tal besucht haben, bin ich überzeugt, dass sie die Empfindungen und Gefühle nicht übertrieben finden werden, die im folgenden Gedicht ausgedrückt sind, oder deren Ausdruck versucht wird.«

Coleridge war nie im Chamonix-Tal und suggeriert unredlicherweise, die beschriebenen Beobachtungen persönlich gemacht zu haben. Seine Hymne bedient sich ausgiebig bei dem 20-zeiligen Gedicht »Chamouny beym Sonnenaufgange« der deutschen Dichterin Friederike Brun. Erst in postumen Gedichtausgaben von Coleridges Werken wurde das Original jeweils im Anhang abgedruckt.

Die Qualen des Schlafs (The Pains of Sleep)
Erstmals 1816 veröffentlicht in der Oktav-Broschüre *Christabel: Kubla Khan, A Vision; The Pains of Sleep*. Aufgenommen

in Coleridges Gedichtausgaben von 1828, 1829 und 1834. Erste Entwürfe des Gedichts datieren vom Herbst 1803.

Phantom
Erstmals 1834 veröffentlicht. Coleridge zitiert sein Gedicht erstmals in einem Tagebucheintrag aus Malta vom 8. Februar 1805.

An William Wordsworth (To William Wordsworth)
Erstmals in *Sibylline Leaves* 1817 veröffentlicht, sowie in allen weiteren Gedichtausgaben. In Manuskriptform tauchen zwei Versionen im Januar 1807 auf. In einem William Wordworth überreichten Manuskript lautet der Titel: »To William Wordsworth. Lines Composed, for the Greater Part on the Night, On Which He finished the Recitation of His Poem (in Thirteen Books) Concerning the Growth and History of His Own Mind.«

William Wordsworth arbeitete von 1798 bis zu seinem Lebensende 1850 an seinem buchlangen autobiografischen Blankvers-Gedicht, das postum von seiner Witwe unter dem Titel *The Prelude or, Growth of a Poet's Mind* veröffentlicht wurde. 1805 hatte Wordworth eine Version in 13 Büchern fertiggestellt, die er Coleridge im Januar 1807 vorlas. Er hatte seinem Werk nie einen definitiven Titel gegeben, sondern sprach lediglich vom »Gedicht für Coleridge«.

Psyche
Erstmals veröffentlicht in einer Fußnote von *Biographia Literaria* (1: 78) mit der Bemerkung: »Auf die Tatsache, dass im

Griechischen Psyche der gemeinsame Name für die Seele und den Schmetterling ist, wird in der folgenden Strophe aus einem unveröffentlichten Gedicht des Autors solcherart angespielt.« Mutmaßliches Entstehungsdatum ist 1808.

Werk ohne Hoffnung (Work without Hope)
Erstmals veröffentlicht 1828 in *The Bijou*; Aufnahme in die folgenden Gedichtausgaben. Der unsprüngliche Untertitel war »Lines composed on a day in February«, ab den *Poetical Works* (1828) lautete er »Lines composed 21st February, 1827«. Eine Manuskriptversion ist auf den 21. Februar 1825 datiert.

Der Amarant (7) galt als Gewächs, das nie verwelkt, und symbolisiert also Unvergänglichkeit.

Grabinschrift (Epitaph)
Erstmals veröffentlicht in *Poetical Works* (1834), inklusive der Datumsangabe 9. November 1833. In einem Brief an J. G. Lockhart kommentiert Coleridge das Gedicht so: »Grabinschrift für einen Schriftsteller, der unter den Initialen seines Namens besser bekannt ist, als unter dem Namen selbst. Vorzustellen auf einem aufrechten Grabstein.«

Inhalt

Vorbemerkung des Herausgebers	7
Sonett an den Fluss Otter	15
An den Verfasser der *Räuber*	17
Die Äolsharfe	19
Betrachtungen nach Verlassen eines Rückzugsorts	25
Die Lindenlaube mein Kerker	31
Frost um Mitternacht	39
Ängste in Einsamkeit	47
Die Nachtigall	65
Die Ballade vom alten Seemann	75
Christabel	127
Kubla Khan	177
Frankreich: Eine Ode	183
Schwermut: Eine Ode	193
Hymnus vor Sonnenaufgang, im Tal von Chamonix	205
Die Qualen des Schlafs	213
Phantom	217
An William Wordsworth	219
Psyche	229
Werk ohne Hoffnung	231
Grabinschrift	233
Anmerkungen	234

Zum Autor und zu seinem Übersetzer

SAMUEL TAYLOR COLERIDGE (1772–1834) zählt zu den großen Dichtern der englischen Romantik. Gemeinsam mit William Wordsworth schuf er mit *Lyrical Ballads* das Gründungsdokument der romantischen Lyrik. Nachdem er in jungen Jahren Gedichte wie »Die Ballade vom alten Seemann« und »Kubla Khan« geschaffen hatte, wandte er sich der Dichtungstheorie, der Philosophie und der Theologie zu und betätigte sich als Journalist und Vortragsredner. Der christlichen Philosophie und Kirchenpolitik des 19. Jahrhunderts gab er entscheidende Impulse. In der englischen und vergleichenden Literaturwissenschaft gilt er als Gründerfigur der Literaturtheorie und der literarischen Kritik.

FLORIAN BISSIG wurde 1979 bei Zürich geboren. Er studierte in Zürich, Berlin und Austin Philosophie und Englische Philologie und wurde mit einer Studie zu Samuel Taylor Coleridge promoviert. Er ist freischaffender Publizist und Kritiker mit Schwerpunkten in Literatur, Geisteswissenschaften und Musik sowie literarischer Übersetzer.

Zum Buch

Zum 250. Geburtstag von Samuel Taylor Coleridge erscheint diese Auswahl von Gedichten, die den unbestrittenen Kern seines Werkes bilden und mit denen er sich als einer der großen sechs Dichter der englischen Romantik etablierte, neben Blake, Wordsworth, Byron, Shelley und Keats.

Die vorliegende handliche Auslese ist abwechslungsreich und lohnend, zumal es bis heute nie eine Übertragung einer solchen Auswahl in deutscher Sprache gab. Immer wieder nachgedichtet wurden der »Alte Seemann« und »Kubla Khan«, doch entzog sich beispielsweise die fesselnde und rätselhafte Ballade »Christabel« und eine Reihe von Blankversgedichten bis anhin der Übersetzung.

Kanton Zürich
Fachstelle Kultur

Der Verlag bedankt sich beim Kanton Zürich für die großzügige Unterstützung dieser Publikation.

Der Dörlemann Verlag wird vom Bundesamt für Kultur für die Jahre 2021–2024 unterstützt.